まちごとチャイナ
北京006

王府井と市街東部
変貌する「クリエイティブ都市」
［モノクロノートブック版］

天安門の東側、長安街に面して立つ1900年開業の北京飯店。王府井はその脇を南北に走る北京屈指の目抜き通りで、百貨大楼や新東安市場、東来順、呉裕泰茶荘など中国を代表する老舗がならぶ。

　この王府井をふくむ故宮東側の地域は、明清時代以来、内城(東城区)がおかれていたところで、その東門にあたる建国門、朝陽門、東直門の先は朝陽区へと続いている。20世紀中ごろまで朝陽区では人もまばらだったが、20世紀末になってCBD(北京商務中心区)としての開発計画がはじまる

と、経済成長を続ける中国にあわせるように、高層ビルが林立するようになった。

　とくに新しい北京の顔とも言えるチューブ状の巨大建築CCTV、「北京夜生活(ナイトライフ)」が楽しめる三里屯のほか、北京のアートシーンを感じられる798芸術区などの新しいスポットが次々に誕生した。天安門広場から長安街を東に進めば、疾走するこの街の移り変わりを感じることができる。

Asia City Guide Production
Beijing 006
Wangfujing

王府井／wáng fǔ jǐng／ワンフージン

| まちごとチャイナ | 北京 006 |

王府井と市街東部

変貌する「クリエイティブ都市」

「アジア城市（まち）案内」制作委員会
まちごとパブリッシング

まちごとチャイナ
北京 006
王府井と市街東部

Contents

王府井と市街東部 　009

北京最先端の世界 　015

王府井城市案内 　021

東四城市案内 　037

東単城市案内 　045

朝陽門城市案内 　053

建国門城市案内 　063

国貿城市案内 　069

三里屯城市案内 　083

燕沙城市案内 　093

798芸術区鑑賞案内 　101

望京城市案内 　107

首都空港城市案内 　115

高碑城市案内 　121

通州城市案内 　127

中国苦悩の近代と北京 　135

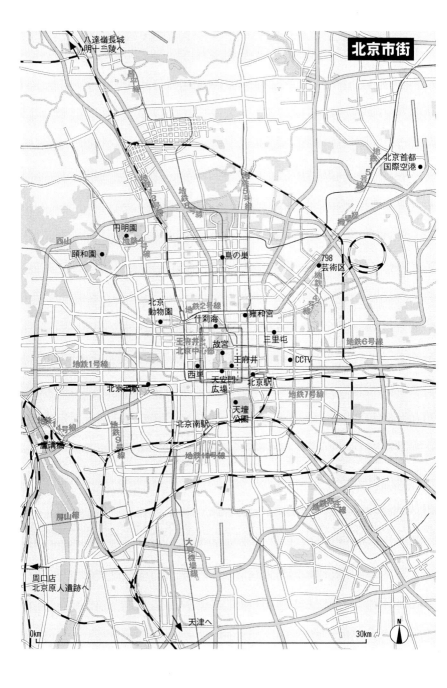

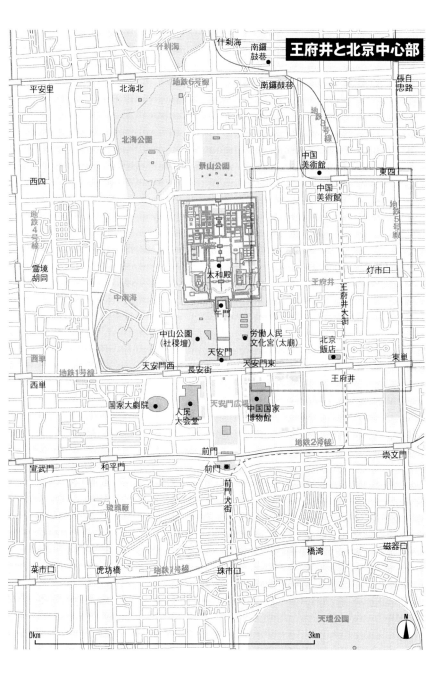

014

王府井と市街東部／変貌する「クリエイティブ都市」

★★★
王府井／王府井 wáng fǔ jǐng ワンフージン
中国中央電視台／中国中央电视台 zhōng guó zhōng yāng diàn shì táiチョングゥオチョンヤンディエンシィタイ
798芸術区／798艺术区 qī jiǔ bā yì shù qūチィジュウバァイイシュウチィウ

★★☆
国貿／国贸 guó màoグゥオマオ

★☆☆
長安街／长安街 cháng ān jiēチャンアンジエ
北京飯店／北京饭店 běi jīng fàn diànベイジンファンディエン
中国美術館／中国美术馆 zhōng guó měi shù guǎnチョングゥオメイシュウグゥアン
東四／东四 dōng sìドンスー
北京首都国際空港／北京首都国际机场 běi jīng shǒu dū guó jì chǎngベイジンショウドゥグゥオジィジーチャン

Introduction
北京最先端の世界

アート、デザイン、建築
さまざまな才能が集まる街として
北京は世界中から注目されている

王府井と中華老字号

　清朝末期の1900年開業の北京飯店、1903年開業の東安市場はじめ、北京随一の繁華街として名を馳せてきた王府井。この王府井は、20世紀初頭、南側に隣接する東交民巷にアメリカやイギリス、フランス、日本などの大使館街ができたことで、それに応える商品やサービスを提供する商店が進出するようになった。1949年の新中国建国後まもなくの1955年開業の百貨大楼をはじめとする大型ショッピングモール、しゃぶしゃぶの東来順などが北京中心部の抜群の立地の王府井に店を構え、「中華老字号」と呼ばれる老舗がずらりとならぶ。一方で、北京市街地の拡大とともに、郊外に大型ショッピングモールが現れ、王府井は観光客の訪れる観光地という側面が強くなった。

北京商務中心区（CBD）とは

　中国北京では長らく、政治、経済、文化の中心は故宮あたりのエリアにあり、かつては北京城の東郊外の地だった朝陽区。2000年に北京商務中心区（CBD）のプロジェクトが打ち出され、手狭になった北京旧城の東側の朝陽区に広大で整然とした街区がつくられた（北の朝陽北路から南の通恵河、東の

西大望路から西の東大橋路までが中心業務地区CBDとされた)。この「中心業務地区(Central Business District こと CBD)」を基点に周囲に住宅や工場が広がる都市の姿は、1920年代のアメリカで発表されている。世界の都市で見れば、ニューヨークのマンハッタン、東京の新宿、香港の中環などが都市のなかの中心業務地区(CBD)にあたる。中心業務地区(CBD)では行政、金融、商業、情報、娯楽などが高密度に集積し、地価は高く、建物は高層化する。北京商務中心区(CBD)は、21世紀に入ってから、急速に発展し、現在なお開発が続いている。

超巨大建築の登場

21世紀に入って、北京商務中心区(CBD)では、300棟という高層ビル群の建設がはじまった。建物は高層化し、巨大化し、外観が奇抜。故宮や天壇公園といった明清時代に建てられた北京のランドマークとは異なる新たなランドマークが次々と現れた。6度の傾斜をもつふたつのタワーが、地上部と頂上部でつながり、真ん中が空いたチューブ状の巨大建築のCCTV(中国中央電視台新本社ビル)。また地上108階、地下7階で、高さは528mになる中国尊は、竹の節のように天空へと続いていく。莫大な資金がここ北京商務中心区(CBD)に投じられ、特異な形状、際立った存在感をもつ現代建築が一堂に介している。

新たなスポットの登場

中国の経済成長、中間層の台頭とともに、北京では新たなスポットが次々と生まれている。20世紀初頭に王府井が東交民巷という領事館のそばで発展したように、21世紀に入ってから大使館街のある三里屯には洗練されたギャラリーや店舗をもつ商業施設、バーストリートが現れた。北京旧城の東郊外に過ぎなかった三里屯界隈では北京最先端の

中華老字号が軒を連ねる王府井

798芸術区、中国の現代アートを体感

次々に新たなものが登場するのが北京

ファッション、ライフスタイルを感じられる。また北京でもっとも注目を浴びる場所のひとつに798芸術区があげられる。市街から少し離れたこの地に北京の芸術家が集まるようになり、やがて古い工場を利用した現代アートのギャラリーやショップがならぶようになった。798芸術区は、北京屈指の人気を誇るエリアへと成長を遂げている。

三里屯では感度の高い人々が行き交う

王府井城市案内
Wang Fu Jing

北京を代表する通り王府井
また故宮東の東城区には
老北京を伝える遺構も残る

長安街／长安街 ★☆☆
cháng ān jiē
ちょうあんがい／チャンアンジエ

　天安門前を東西に走る長安街。天安門広場を起点に東に向かって王府井、建国門、国貿へと続き、西側は中南海、西単へと走る北京の大動脈となっている。この長安街は、13世紀に造営されたフビライ・ハンの大都の南側城壁にあたり、明の永楽帝の時代に建設された（長いあいだ安らかな世が続くよう名づけられた）。明清時代は紫禁城の逆凸字型の城壁が天安門広場まで突き出し、その城壁にある長安左門と長安右門から長安街が伸びていた。20世紀に入った中華民国時代、東西交通が不便だった北京の動線を解消すべく、城壁を撤去して長安街が整備され、1949年に中華人民共和国が成立するとさらに拡張された（滑走路として使えるよう、幅100m以上にもなる）。北京の東西を結ぶ長安街に沿って地鉄1号線が走り、現在では長安街は東西ともに郊外まで伸びている。

王府井／王府井 ★★★
wáng fǔ jǐng
おうふせい／ワンフージン

　王府井は故宮の東に位置する北京を代表する繁華街で、南の長安街から金魚胡同、にぎわいはその先の隆福寺まで

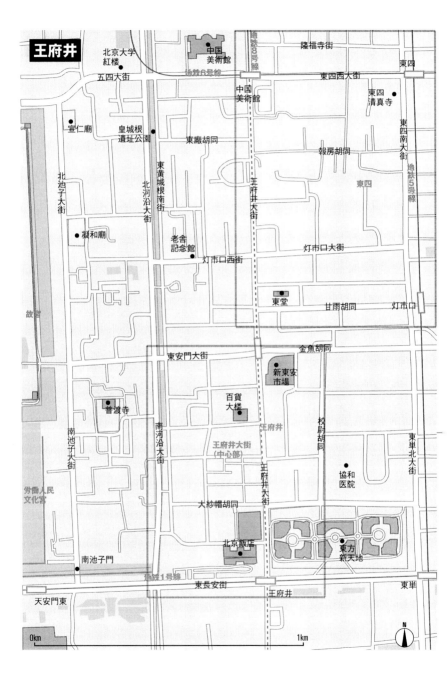

続く。王府井が発展するようになったのは、東交民巷に公使館街ができた20世紀以後のこと。1903年、清朝が八旗兵の兵場跡にひとつの市場をつくり、この市場は東安門外にあったため「東安市場」と名づけられた。また同時代に、東交民巷に領事館街が構えられると、外国人の嗜好にあわせるように発展するようになった(清朝時代は内城での商売が制限されていた)。1903年開業の東安市場(現在は新東安市場)、その向かいにある1955年開業の百貨大楼はじめ、亨得利鐘表店、盛錫福帽子店、中国写真館、漢方懐任堂、新華書店、栄宝斎、東来順など中国を代表する老舗(「中華老字号」)が軒をつらねる。西洋の商品をあつかう店、貴金属店などがならび、戦前、日本人からは「北京銀座」と呼ばれていたこともある。前門、王府井、西単、東四が北京の四街と言われてきたが、郊外に大型店が増え、現在では観光地という側面が強くなっている。

★★★
王府井／王府井 wáng fǔ jǐngワンフージン

★☆☆
長安街／长安街 cháng ān jiēチャンアンジエ
王府古井／王府古井 wáng fǔ gǔ jǐngワンフーグゥジン
東方新天地／东方新天地 dōng fāng xīn tiān dìドンファンシンティエンディ
北京飯店／北京饭店 běi jīng fàn diànベイジンファンディエン
百貨大楼／百货大楼 bǎi huò dà lóuバイフゥオダアロウ
新東安市場／新东安市场 xīn dōng ān shì chǎngシンドンアンシイチャアン
東堂／东堂 dōng tángドンタン
金魚胡同／金鱼胡同 jīn yú hú tòngジィンユウフウトォン
老舎記念館／老舍记念馆 lǎo shě jì niàn guǎnラオシェジイニィエングゥアン
中国美術館／中国美术馆 zhōng guó měi shù guǎnチョングゥオメイシュウグゥアン
東四／东四 dōng sìドンスー
東四清真寺／东四清真寺 dōng sì qīng zhēn sìドンスーチンチェンスー
隆福寺商業街／隆福寺商业街 lóng fú sì shāng yè jiēロンフウスーシャンイエジエ
協和医院／协和医院 xié hé yī yuànシエホアイーユエン

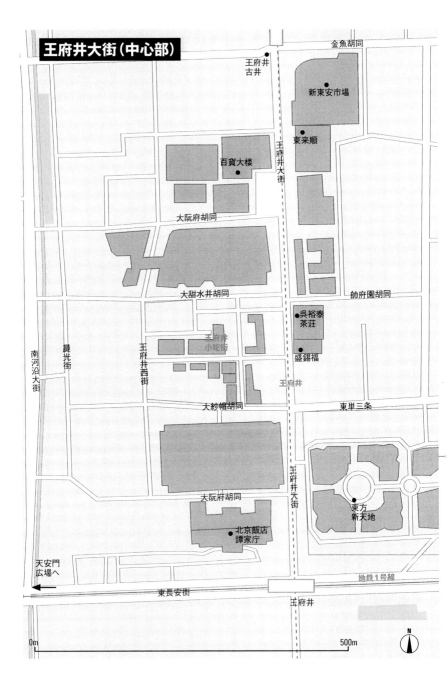

王府井小吃街／王府井小吃街 ★★★
wáng fǔ jīng xiǎo chī jiē
おうふせいしゃおちーがい／ワンフージンシャオチィジエ

　　王府井の片隅に位置し、軽食店がならぶ王府井小吃街。羊や牛の胃袋の「北京爆肚」はじめ、蒸菓子「小棗切糕」、きのこのあんかけ「豆腐脳」など北京人が好む料理のほかに、軒先にはさそりや昆虫類なども見える。

王府井の歴史

　　王府井の歴史は、フビライ・ハンの時代(13世紀)にさかのぼると言われ、王府の屋敷がおかれて十王府街と呼ばれていた。続く明代にこのあたりにあった井戸にちなんで王府井という地名が定着し、明清交代期に活躍した呉三桂の屋敷などがおかれていたという。清代、内城には満州族の旗人が暮らし、このあたりに商業施設はほとんどなかったが、1856年に起こったアロー戦争、1900年の義和団事件以降、南の東交民巷に外国の公使館ができたため、外国人経営の商店(洋行)、ホテル、洋服店などが王府井に店を構えるようになった(近くに住んでいたロンドンタイムスのジョルジオ・モリソン

★★★
王府井／王府井 wáng fǔ jīngワンフージン
王府井小吃街／王府井小吃街 wáng fǔ jīng xiǎo chī jiēワンフージンシャオチィジエ

★☆☆
長安街／长安街 cháng ān jiēチャンアンジエ
王府古井／王府古井 wáng fǔ gǔ jǐngワンフーグゥジン
東方新天地／东方新天地 dōng fāng xīn tiān dìドンファンシンティエンディ
北京飯店／北京饭店 běi jīng fàn diànベイジンファンディエン
譚家庁／谭家厅 tán jiā tīngタァンジアティン
百貨大楼／百货大楼 bǎi huò dà lóuバイフゥオダアロォウ
盛錫福／盛锡福 shèng xí fúシェンシイフウ
呉裕泰茶荘／吴裕泰茶庄 wú yù tài chá zhuāngウウユタァイチャアチュゥアン
新東安市場／新东安市场 xīn dōng ān shì chǎngシンドォンアンシイチャアン
東来順／东来顺 dōng lái shùnドォンライシュン
金魚胡同／金鱼胡同 jīn yú hú tòngジンユウフウトォン

北京東西を結ぶ大動脈の長安街

盛錫福・呉裕泰茶荘・東来順・同仁堂、老舗の名店がずらり

王府井から脇に入ったところにある王府井小吃街

時計塔は王府井のシンボル

にちなんで、西欧人はモリソン・ストリートと呼んだ)。また光緒帝時代の1903年、さまざまな場所で無許可に営業していた露店を1ヵ所に集めた東安市場が開かれ、くわえて1912年に清朝が滅亡すると、それまで外城で商売をしていた漢族が内城に進出し、王府井や西単などがにぎわうようになった。

王府古井／王府古井★☆☆
wáng fǔ gǔ jǐng
おうふぅるい／ワンフーグゥジン

　王府井の地名の由来となった井戸だとされる王府古井(乾燥した北京では水源を井戸にたよっていた)。また1908年、王府井の道路改造のさいに偶然、発見されたというマンホールも見られる。

東方新天地／东方新天地★☆☆
dōng fāng xīn tiān dì
とうほうしんてんち／ドォンファンシンティエンディ

　王府井入口東側に位置する東方広場の一角に立つ東方新天地。最高の立地にあるこのショッピングモールには、ファッション、ブランド品、美食店など、300を超す店舗が入居する。2005年に開業し、北京の生活スタイル、ファッションの発信地となっている。

北京飯店／北京饭店★☆☆
běi jīng fàn diàn
ぺきんはんてん／ベイジンファンディエン

　1900年に開業した北京随一の格式を誇るホテルの北京飯店。長安街に面した北京中心部に立ち、東側を王府井大街が走り、ちょうど王府井の入口にあたる。1917年に建てられ、増改築を繰り返している旧館(建立当時、長安街随一の高さだった)、また新館からなり、客室は700ほどになる。四川料理、広東料理など各地方の料理店が入居しているが、とくに

清朝官吏であった譚家の料理を受け継ぐ譚家菜(清朝の味を伝える)が知られる。

譚家庁／谭家厅 ★☆☆
tán jiā tīng
たんけちょう／タァンジィアティン

　王府井北京飯店のなかに店を構え、清朝以来の高級料理「譚家菜」を今に伝える譚家庁。譚家菜とは広東省出身で、清朝末期に官僚となった譚宗浚(1846〜88年)の譚家父子が生んだ料理で北京を代表する官府菜にあげられる(譚宗浚が科挙で第2位の榜眼になったことから、榜眼菜とも呼ばれた)。その料理は見た目もあでやかで、北京料理、広東料理、淮揚料理を組みあわせ、200〜300種類の料理があるという。高級食材のフカヒレやツバメの巣などの海鮮がとくに有名で、熊の手は右のみを使うべしといったこだわりをもつ。1930年代には「食界無口不誇譚(料理界、食通の世界で譚家菜を称えない者はいない)」と言われ、名声を博していたという。当初あった米市胡同から、1954年に西単に進出し、やがて1958年に北京飯店に出店した。

百貨大楼／百货大楼 ★☆☆
bǎi huò dà lóu
ひゃっかだいろう／バイフゥオダアロォウ

　新中国建国後の1955年に王府井に開業した老舗百貨店の百貨大楼。「新中国第一店」とも言われ、1950〜80年代に王府井の象徴的存在と見られていた。また中国全土に店舗を抱える王府井百貨の旗艦店でもある。時計塔が立つ。

王府井の名門百貨店、百貨大楼

盛錫福／盛锡福 ★☆☆
shèng xí fú
せいしゃくふく／シェンシイフウ

　王府井に店を構える中華老字号のひとつで、北京を代表する老舗帽子店の盛錫福。盛錫福は1911年に山東人の劉錫三が天津で創業し、高品質の原料、手のこんだ手づくりの帽子で人気を博するようになった。羊の毛皮でつくられた前進帽はじめ、さまざまなタイプの帽子がならぶ。現在は中国だけでなく世界的に知られる。

呉裕泰茶荘／吴裕泰茶庄 ★☆☆
wú yù tài chá zhuāng
ごゆうたいちゃそう／ウウユウタイチアチュウアン

　清朝末期の1887年に創業した呉裕泰茶荘。浙江省や福建省といった茶どころから、茶葉を北京に運び、その品質、味で有名になった。とくに華北で飲まれる呉裕泰の茉莉花茶（ジャスミン茶）のブランドは名高い。全国に店舗を構え、茶葉や茶具の販売も行なう。

新東安市場／新东安市场 ★☆☆
xīn dōng ān shì chǎng
しんとうあんいちば／シィンドォンアンシイチャアン

　王府井大街と東安門大街の交差点に立つ新東安市場。昔日の北京と現代の北京を融合させたショッピングモールで、日夜関係なく、買いものができ、レストランの食べものにありつけるという意味から「北京apm」ともいう（amとpmをあわせた造語）。11階建てのオフィスビルを擁する「新東安市場」と、清朝末期の1903年に建てられた東安市場を前身とする「東安市場」がつながっている。香港の新鴻基地産集団によって開発された。

石づくりのキリスト教会の東堂

王府井の入口に立つ東方新天地

地下鉄の駅名にもなっている中国美術館

北京生まれの作家老舎の故居

北京の過去と今が交錯する新東安市場

東来順／东来顺 ★☆☆
dōng lái shùn
とうらいじゅん／ドンライシュン

　東来順は、羊肉のしゃぶしゃぶ「涮羊肉」はじめ、北京を代表する清真料理店(イスラム教徒回族の料理)。この店の創始者は回族の丁徳山(河北滄州人)で、もともとは東直門外から東安市場近くまで黄土を運ぶ苦力だった。1903年、丁徳山は全財産を投じて、東安市場の北門で「丁記粥攤」という露店をはじめた。豆汁(飲みもの)、羊肉雑面やもち、扒糕(小吃)などを売り、商売は繁盛するようになった。店の名前は、「北京の東(東直門外)から来て順調だ」という意味で、1930年代には東来順の涮羊肉は北京の有名料理となっていた。現在では多くの店舗をもち、醬油、ごま油、ごまダレなどで羊肉のしゃぶしゃぶを食する。

東堂／东堂 ★☆☆
dōng táng
とうどう／ドンタン

　王府井に立つ東堂は、北京の東西南北にある4つのキリスト教会のひとつ。清朝第3代順治帝の時代(1655年)、皇帝より民家をたまわったキリスト教宣教師によって創建され、当初、中国風建築だったが、第4代康熙帝の時代に西欧風建築となった。現在の建物は1904年に建てられたもので、3つのドームが載る様式となっている。

金魚胡同／金鱼胡同 ★☆☆
jīn yú hú tòng
きんぎょふーとん／ジンユウフウトォン

　灯市口のそば、王府井から金宝街へと続く全長567mの金魚胡同。かつて金や銀をあつかう店があり、金銀胡同と呼ばれていたが、のちに金魚胡同という名前に転化した。東安市場にあった料理店の東来順発祥の場所でもあり、また現在

はホテルになっている那桐の那府(中国園林の那家花園)も位置した。

老舎記念館／老舎记念馆 ★☆☆
lǎo shě jì niàn guǎn
ろうしゃきねんかん／ラオシェジイニィエングゥアン

『駱駝祥子』『四世同堂』はじめ数々の小説や演劇を残した小説家老舎(1899〜1966年)が暮らした故居。清朝末期、老舎は北京の小楊家胡同で満州旗人の家に生まれ、その後、西山や西直門などの住居を転々とした。日中戦争がはじまると北京を離れ、その後、1950年にアメリカより帰国した。ここ豊富胡同に残る老舎記念館は、老舎が晩年に暮らした場所で、1966年、老舎は文革のさなかに非業の死を遂げた。

中国美術館／中国美术馆 ★☆☆
zhōng guó měi shù guǎn
ちゅうごくびじゅつかん／チョングゥオメイシュウグゥアン

黄色の琉璃瓦を載せる中国の伝統的な建築様式と西欧の様式をもつ中国美術館。1963年に開館し、古代から現代までの美術品、中国絵画、民間芸術、彫刻、洋画など11万あまりを保存する。「中国美術館」の扁額は、毛沢東によるもの。

Dong Si
東四城市案内

北京内城東部のちょうど中心
かつてこの東四に立っていた4つの牌楼は
北京の風物詩でもあった

東四／东四★☆☆
dōng sì
とうし／ドンスー

　故宮東に位置する東四は、清代、東の朝陽門から入ってくる物資の集散が行なわれていた場所で、とくに1912年の清朝滅亡後に繁華街として発展するようになった。東四という名称は、交差点の東西南北にひとつずつあわせて4つの牌楼が立っていたことに由来し、現在は交通のさまたげになることから撤去されている(ちょうど西四と対になってそびえていた)。近くに隆福寺街、東四清真寺なども残る歴史ある地域で、戦前、日本統治下の北京ではこのあたりに多くの日本人が住んでいたことで知られる(かつてあった公設市場の東亜公司には日本製の雑貨がそろっていたという)。

街を彩る牌楼

　門や記念碑の役割を果たす牌楼は、交通の要衝、宮殿や寺院の門前におかれ、世界各地の中華街でも見ることができる。牌楼は忠、孝、節、義の功があった者を表彰するために建てられたもので、唐代にその習慣がはじまり、明清時代、さかんに建立された。北京でも多くの牌楼が見られたが、とくに西四とともに東四に立つ保衛和平牌坊は有名だった。20

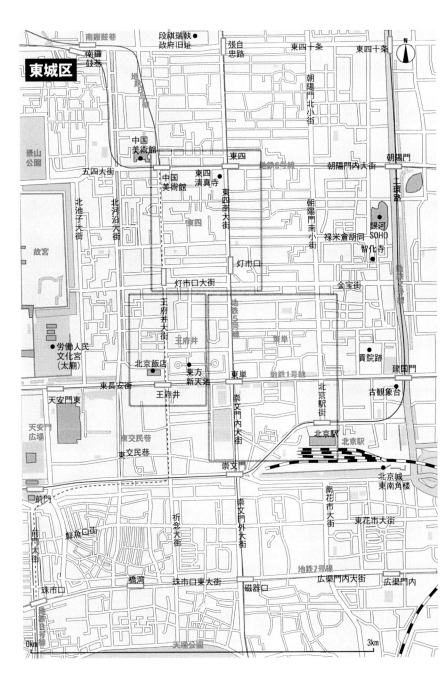

世紀になって交通のさまたげになることから、ほとんどがとりのぞかれ、公園などに移された。

東四清真寺／东四清真寺 ★☆☆
dōng sì qīng zhēn sì
とうしせいしんじ／ドンスーチンチェンスー

東四に立つイスラム教寺院(モスク)、東四清真寺。元代に建てられた歴史をもち、明清、続く中華民国時代に改修されて現在にいたる。中国の建築様式で建てられているが、アーチ式の門にはアラビア語で書かれた『コーラン』の一節も見える。

隆福寺商業街／隆福寺商业街 ★☆☆
lóng fú sì shāng yè jiē
りゅうふくじしょうぎょうがい／ロンフゥスーシャンイエジエ

明代の1452年に建てられた仏教寺院の隆福寺へ通じる

★★★
王府井／王府井 wáng fǔ jǐng ワンフージン
★☆☆
東四／东四 dōng sì ドンスー
東四清真寺／东四清真寺 dōng sì qīng zhēn sì ドンスーチンチェンスー
隆福寺商業街／隆福寺商业街 lóng fú sì shāng yè jiē ロンフゥスーシャンイエジエ
礼士胡同四合院／礼士胡同四合院 lǐ shì hú tòng sì hé yuàn リイシイフウトォンスウハアユュエン
史家胡同／史家胡同 shǐ jiā hú tòng シイジィアフートン
中華聖経会旧址／中华圣经会旧址 zhōng huá shèng jīng huì jiù zhǐ チョンフゥアシェンジンフゥイジィウチイ
蔡元培故居／蔡元培故居 cài yuán péi gù jū ツァイユゥエンペイグゥジュウ
新東安市場／新东安市场 xīn dōng ān shì chǎng シィンドォンアンシイチァアン
東堂／东堂 dōng táng ドンタン
金魚胡同／金鱼胡同 jīn yú hú tòng ジンユウフウトォン
長安街／长安街 cháng ān jiē チャンアンジエ
東方新天地／东方新天地 dōng fāng xīn tiān dì ドンファンシンティエンディ
北京飯店／北京饭店 běi jīng fàn diàn ベイジンファンディエン
中国美術館／中国美术馆 zhōng guó měi shù guǎn チョングゥオメイシュウグゥアン
朝陽門／朝阳门 cháo yáng mén チャオヤンメン
銀河SOHO／银河SOHO yín hé soho インハァソーホ
建国門／建国门 jiàn guó mén ジアングゥオメン
貢院跡／贡院 gòng yuàn ゴンユァン
金宝街／金宝街 jīn bǎo jiē ジンバオジエ
智化寺／智化寺 zhì huà sì チィファスー

東四清真寺はイスラム教のモスク

隆福寺商業街界隈で見た料理店

参道としてはじまった隆福寺商業街(当時、隆福寺は北京でも屈指の名刹として知られた)。とくに骨董品や文房四宝の店などで廟市はにぎわっていたが、1900年の義和団事件のときに寺院は破壊されて衰退した。現在、600mあまりの通りにはファッション、北京小吃を出す店などがならぶようになっている。

礼士胡同四合院／礼士胡同四合院 ★☆☆
lǐ shì hú tòng sì hé yuàn
れいしふーとんしごういん／リイシイフウトンスウハアユゥエン

　細い路地が続く礼士胡同に残る礼士胡同四合院。明清時代、ここにはロバの市場があったため、驢市胡同と呼ばれていた。清朝乾隆帝時代、大学士で書法家の劉羅鍋の邸宅(礼士胡同四合院)があったことから、礼士胡同と改名された。礼士胡同四合院は、東院と西院が通りに面していて、その奥につながる北院と庭園からなる。

Dong Dan
東単城市案内

**王府井の東側、ちょうど故宮西側の西単に
対応するように位置する東単
ここからさらに東は建国門エリアとなる**

中華聖経会旧址／中华圣经会旧址 ★☆☆
zhōng huá shèng jīng huì jiù zhí
ちゅうかせいきょうかいきゅうし／チョンフゥアシェンジィンフゥイジィウチイ

　東単の一角に残るキリスト教の中華聖経会旧址。1833年、アメリカの聖経会が中国語聖書をつくることを命じ、上海で中華聖経会が発足した。1890年、北京にも中華聖経会の拠点がおかれ、当初は印刷ではなく聖書の販売を行なった。1927年に中国と西欧の融合した様式をもつ2階建ての建築が建てられ、キリスト教徒の活動拠点となった。

蔡元培故居／蔡元培故居 ★☆☆
cài yuán péi gù jū
さいげんばいこきょ／ツァイユゥエンペイグウジュウ

　清朝末期の学者、教育家として知られる蔡元培（1868〜1940年）の故居。蔡元培は浙江省紹興の人で、1917〜23年に北京大学の校長を務めたときに、ここ東堂子胡同の故居に暮らした。中庭をもつ三進式の四合院建築で、2009年に修建され、開放された。

協和医院／协和医院 ★☆☆
xié hé yī yuàn
きょうわいいん／シエハァイーユェン

　王府井大街の東側に位置する協和医院。1921年、ロックフェラー財団によって創建された。この協和医院の金庫に保存されていた北京原人の化石が失踪したという歴史がある(日本軍が北京を占領したとき、すでにもち出され、いまだどこにあるかわからないという)。

史家胡同／史家胡同 ★☆☆
shǐ jiā hú tòng
しけふーとん／シイジィアフートン

　元の大都以来の伝統を伝える路地の史家胡同。北京でも歴史ある胡同で、元代には什么火巷(什么胡同)と呼ばれていた。明代、黄華坊に属し、史家胡同という名前はこの地の史姓の大家族からとも、明末の名将史可法の故宅があったからだともいう。この明の史家祠堂があったところに清代の1724年に八旗のための小学堂がつくられ、文人たちが集まる場所となっていた。現在、鳥かごをつるした中庭、史家胡同の歴史や近代教育、胡同が生んだ名士などの展示が見られる史家胡同博物館として開館している。

★★★
王府井／王府井 wáng fǔ jǐng ワンフージン

★☆☆
東方新天地／东方新天地 dōng fāng xīn tiān dì ドンファンシンティエンディ
新東安市場／新东安市场 xīn dōng ān shì chǎng シンドンアンシイチャアン
東堂／东堂 dōng táng ドンタン
金魚胡同／金鱼胡同 jīn yú hú tòng ジンユウフウトン
中華聖経会旧址／中华圣经会旧址 zhōng huá shèng jīng huì jiù zhǐ チョンフウアシェンジンフウイジゥチイ
蔡元培故居／蔡元培故居 cài yuán péi gù jū ツァイユゥエンペイグウジュウ
協和医院／协和医院 xié hé yī yuàn シエハァイーユェン
史家胡同／史家胡同 shǐ jiā hú tòng シイジィアフートン
中国婦女児童博物館／中国妇女儿童博物馆 zhōng guó fù nǚ ér tóng bó wù guǎn チョングゥオフウヌウアアトォンボオウウグゥアン
金宝街／金宝街 jīn bǎo jiē ジンバァオジエ
長安街／长安街 cháng ān jiē チャンアンジエ

中国婦女児童博物館／中国妇女儿童博物馆 ★☆☆
zhōng guó fù nǚ ér tóng bó wù guǎn
ちゅうごくふじょじどうはくぶつかん／チョングゥオフウヌウアアトォンボオウグゥアン

　女性と子どもをテーマとした中国婦女児童博物館。女性のファッションや生活、役割、キャリア、地位の変化を展示する婦女館と、古代、近代、現代と変化してきた子供の生活について展示する児童館からなる。曲線の外観をもつ建物は、女性らしさが表現されている。

金宝街／金宝街 ★☆☆
jīn bǎo jiē
きんぽうがい／ジンバァオジエ

　建国門と東単の北側を東西に走る金宝街。「金宝匯（匯は集まるの意味）」とも言われ、高級ブランドの旗艦店が金宝街に店を構える。1998年に開発が決まり、2000年以降に発展して、北京を代表するハイエンドな通りとなった。

中国婦女児童博物館は女性と子どもがテーマ

変わっていく北京の街

Chao Yang Men
朝陽門城市案内

かつて北京城と北京東部を結んだ朝陽門
朝陽門外には道教寺院の東岳廟があり
また東直門の西側は美食街となっている

朝陽門／朝阳门 ★☆☆
cháo yáng mén
ちょうようもん／チャオヤンメン

　朝陽門はかつて北京内城東部の要衝だったところで、運河を使って北京へ運ばれた年貢や物産が集まる北京の流通拠点として発展してきた。1970年ごろ、朝陽門はとり壊され、以後、朝陽門外には高層ビルが林立し、急速に発展を見せるようになった。この門は地名として残り、北京東部の朝陽区の名前になっている(西が東城区、東が朝陽区)。

銀河SOHO／银河SOHO ★☆☆
yín hé soho
ぎんがそーは／インハァソーホ

　ビジネス街が広がる朝陽門内に立つ銀河SOHO。イラク人建築家ザハ・ハディッドの設計による流線型の外観が一際目をひく。角がなく、4つの楕円形の建物(核)がつながり、あるいは溶けていくデザインで、360度の建築世界を体感できる。三里屯SOHOや建外SOHOなどとともにショップやオフィスなどからなる複合商業施設となっている。高さ60m、地上5〜18階、地下1〜3階で、2012年に建設された。

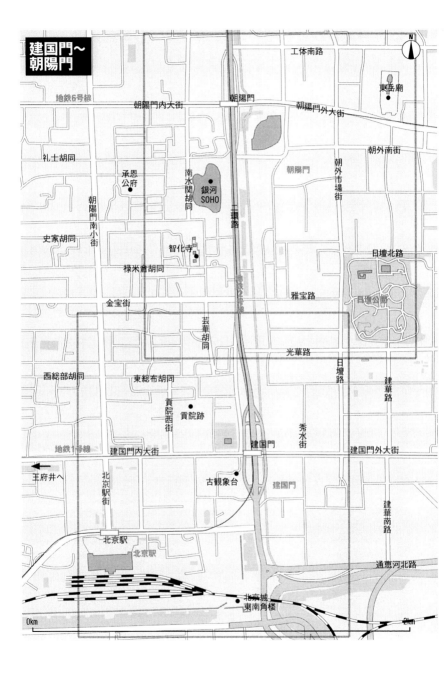

承恩公府／承恩公府 ★☆☆
chéng ēn gōng fǔ
しょうおんこうふ／チェンアンゴォンフウ

　満州旗人が暮らした北京内城に残る承恩公府。清朝の皇后を輩出した名家で、西太后の弟の承恩公桂祥からその名前がとられた（桂公府ともいう）。第11代光緒帝の妻で最後の皇后の隆裕皇后が暮らし、西太后とあわせて、一門からふたりの皇后が出たため「鳳凰窩（鳳凰を生む巣）」と呼ばれた。

智化寺／智化寺 ★☆☆
zhì huà sì
ちかじ／チイファスー

　朝陽門内の胡同にひっそりとたたずむ智化寺。明の第5代宣徳帝、続く第6代正統帝に仕えた王振によって創建され、皇太子時代からとり入っていた正統帝から報国智化禅寺の名前をたまわった（王振は土木の変では将軍に任命されるなど皇帝の厚い信頼を得ていた）。20世紀に入り、中華民国時代には荒廃していたが、その後、再興されて現在にいたる。王振の時代から続く中国の宮廷音楽の伝統を伝える寺としても知られる。

★☆☆
史家胡同／史家胡同 shǐ jiā hú tòng シイジィアフートン
金宝街／金宝街 jīn bǎo jiē ジィンバァオジエ
朝陽門／朝阳门 cháo yáng mén チャオヤンメン
銀河SOHO／银河SOHO yín hé soho インハァソーホ
承恩公府／承恩公府 chéng ēn gōng fǔ チェンアンゴォンフウ
智化寺／智化寺 zhì huà sì チイファスー
禄米倉址／禄米仓址 lù mǐ cāng zhǐ ルゥミィサンチィ
東岳廟／东岳庙 dōng yuè miào ドンユエミャオ
建国門／建国门 jiàn guó mén ジアングゥオメン
秀水街／秀水街 xiù shuǐ jiē シィウシュイジエ
日壇公園／日坛公园 rì tan gōng yuán リィタンゴンユエン
貢院／贡院 gòng yuàn ゴンユァン

流線型の外観の銀河SOHO

東岳廟は北京でも有名な道教寺院

かつて北京の東門であった朝陽門も今はビジネス街

明代からの伝統をもつ智化寺

禄米倉址／禄米仓址 ★☆☆
lù mǐ cāng zhǐ
ろくまいそうし／ルゥミィサンチィ

運河を通って江南から運ばれてきた年貢米がたくわえられていた禄米倉(智化寺の表通りが禄米倉胡同)。朝陽門、東直門内には元明清代を通じていくつもの倉もうけられ、北新倉、南新倉といった地名が残っている。運河は江南から天津、通州を通り、北京東側がその窓口となっていた。「蘇杭熟、天下足(蘇州と杭州が熟すれば天下に食事がいきわたる)」「湖広熟、天下足(湖北と湖南が熟すれば天下に食事がいきわたる)」といった言葉があるように豊かな江南の恵みが華北の食糧を支えることになった(華北は麦、江南は米が主食)。

東岳廟／东岳庙 ★☆☆
dōng yuè miào
とうがくびょう／ドンユエミャオ

生死をつかさどり、死者を裁くという「泰山の神様」東嶽大帝がまつられた道教寺院、東岳廟。中国各地で見られる東岳廟のなかで、この北京のものは華北の中心的存在となっている(道教ふたつの派のうち正一教の本山として知られる。もう一方の全真教は白雲観を拠点とする)。元代の1322年、「第38代張天師」張留孫とその弟子の呉全節に建てられたという歴史をもち、明清時代に再建を繰り返しながら、北京庶民に親しまれる道教寺院となってきた。建物は緑の瓦でふかれ、天然痘の女神や出産の女神、山水、風雨などに関わるものなど民間信仰の神様の塑像がならぶ。20世紀になって衰退したのち、1999年に北京民俗博物館として開館し、北京庶民の生活紹介をしているほか、元、明、清代の石碑も見られる。

道教の本流、正一教へ

中国では不老不死へ憧れが古くからあり、永遠に死なな

い神仙になれるという説は紀元前3世紀の始皇帝の時代から見られるという（始皇帝は山東省泰山で封禅の儀を行なっている）。東岳廟の正一教は、2世紀から3世紀に広まった治病を中心とした呪術救済型の五斗米道を遠い源流とする。やがて儒教や仏教に対抗するかたちで、道教も5世紀ごろから老子を中心に民間信仰をとり入れ、体系づけられていった。唐代には老子の李姓と同じ李姓の唐皇帝の帰依を受け、元代にはいくつかの宗派が正一教にまとめられた（また金代、新しい道教の全真教が生まれている）。明清時代、「海の守り神」媽祖や「武や商売の神様」関羽などが道教の神様と見られるようになったが、20世紀に入ると正一教の勢力は弱まった。1949年以降も道教寺院の破壊は進んだが、20世紀末になってから復興が進み、東岳廟でも往時の廟配置が復元された。

Jian Guo Men
建国門城市案内

**北京旧城の東端の門があった建国門
またここから北京の陸のゲートウェイ
北京駅も近い**

建国門／建国门 ★☆☆
jiàn guó mén
けんこくもん／ジアングゥオメン

　天安門前を走る長安街と、かつての北京東部の城壁が交わる地点に位置する建国門（地鉄1号線と2号線が乗り入れる）。建国門という門は明清時代にはなかったが、1940年代に日本が北京を占領したとき、交通の便をよくするためにもうけられた。20世紀末になって北京中心部と郊外を結ぶこの地域が注目され、つぎつぎに高層ビルが建てられるようになった。

秀水街／秀水街 ★☆☆
xiù shuǐ jiē
しゅうすいがい／シィウシュイジエ

　建国門と国貿のあいだ、日壇公園の南側に位置する秀水街。秀水市場は1985年に形成され、やがて長安街永安里からアメリカ大使館までの1kmほどが秀水一条街と呼ばれるようになった（20世紀末から北京の新市街として整備された）。秀水街の通りの両脇には、各種衣類、帽子、かばん、スポーツ用品などを扱う店がならび、連日、多くの人が訪れた。それらは低価格で、偽ブランド品も多くあり、北京CBDが発展する以前の北京の姿をよく伝えていたという。

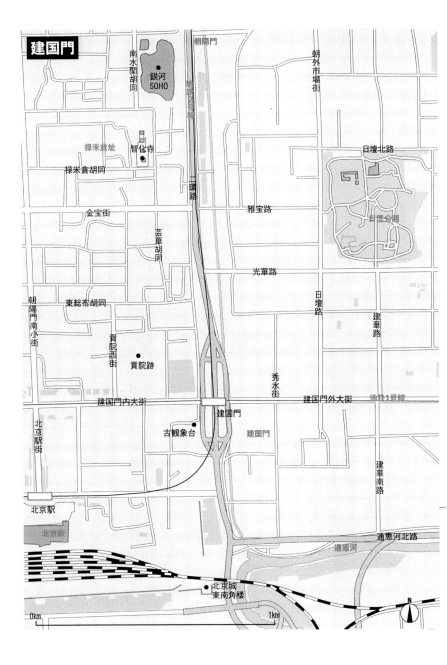

日壇公園／日坛公园 ★☆☆
rì tán gōng yuán
にちだんこうえん／リィタンゴンユェン

　　朝陽門外に残る日壇公園は、北京中心部をとり囲む祭壇跡のひとつ。東に日壇(朝日壇)、南の天壇、北の地壇、西の月壇がおかれ、この日壇では毎年、春分の朝、太明への祭祀が行なわれた。こうした冬至に天壇、夏至に地壇、春分に日壇、秋分に月壇で祭祀を行なうといった礼制は16世紀、明の第12代嘉靖帝の時代に整備された。現在は公園として開放され、市民の憩いの場となっている。

貢院跡／贡院 ★☆☆
gòng yuàn
こういんあと／ゴンユァン

　　貢院は明清時代に科挙の試験が行なわれた場所で、各地方の試験を進んだ挙人がさらにここで試験にのぞんだ。15世紀、明の第3代永楽帝の時代、元の礼部がおかれていた場所に、この貢院が建てられ、その後、嘉靖帝、万暦帝の時代に拡張された。清代もここに貢院があったものの、1900年に起こった義和団事件で破壊された。その後、日本占領下の北京で、1940年、北京神社がこのあたりに建てられたが、1945年の日本の敗戦とともに撤去された。

★☆☆
建国門／建国门 jiàn guó mén ジアングゥオメン
秀水街／秀水街 xiù shuǐ jiē シィウシュイジエ
日壇公園／日坛公园 rì tán gōng yuán リィタンゴンユェン
貢院跡／贡院 gòng yuàn ゴンユァン
金宝街／金宝街 jīn bǎo jiē ジィンバァオジエ
朝陽門／朝阳门 cháo yáng mén チャオヤンメン
銀河SOHO／银河SOHO yín hé soho インハァソーホ
智化寺／智化寺 zhì huà sì チィファスー
禄米倉址／禄米仓址 lù mǐ cāng zhǐ ルゥミィサンチィ
通恵河／通惠河 tōng huì hé トンフイハァ

冬の日壇公園、人々は集まって談笑する

建国門の外側に北京駅がつくられた

Guo Mao
国貿城市案内

北京市街東部の国貿を中心とするエリアは
20世紀後半以降開発が進み
超高層ビルがならぶ新都心となっている

国貿／国貿 ★★☆
guó mào
こくぼう／グゥオマオ

　長安街(地鉄1号線)と三環(地鉄10号線)が交わる場所に位置する国貿。大北窯橋を中心とするこのあたりは20世紀末から、北京の中心業務地区(CBD)として整備され、高層ビルや高級ホテル、複合商業施設がずらりとならぶ(国貿には大北窯という古い地名があり、れんがや瓦を焼く窯があった場所だったという)。北京中心部から東の通州へと続く地点に位置し、街は郊外へ拡大を続けている。

中国尊／中国尊 ★★★
zhōng guó zūn
ちゅうごくそん／チョングゥオズゥン

　北京CBDにそびえ、この街の新たなランドマークとなっている超高層ビルの中国尊。地上108階、地下7階で、高さは528mになる。中国尊の「尊」とは古代中国の礼器のことで、口がらっぱ状に開いていることから、この建物も地上部と頂上部がラッパ状に広がり、真ん中がくびれた外観をもつ(また孔明灯にも似ている)。建物の設計は、中国の竹がイメージされ、竹のように節が連なり、上に伸びあがるようなたたずまいとなっている。2018年に竣工し、ビジネス拠点、国際会

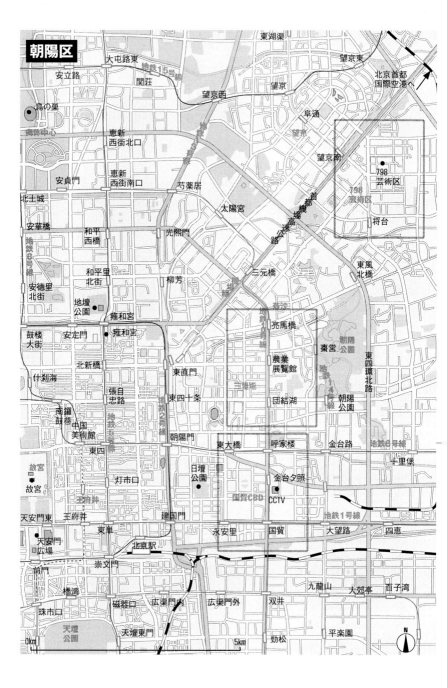

議の場所、商業施設、観光レジャーなどさまざまな性格をもつ。

中国中央電視台／中国中央电视台★★★
zhōng guó zhōng yāng diàn shì tái
ちゅうごくちゅうおうでんしたい／チョングゥオチョンヤンディエンシィタイ

　北京のCBD地区に立つ高層ビル群のなかでも一際異彩を放ち、新しい北京のランドマーク的存在となっている中国中央電視台。中心が空洞となったねじれたチューブ状のかたちをしていて、6度の傾斜をもつ2つのタワーが頂部と地上部でつながっている(地上52階建ての高さ234mのタワーと、地上43階建て高さ194mのタワーが地上部と37階以上で連結している)。中国中央電視台は1958年に中国最初のテレビ局として設立され、ここから中国中央電視台の番組が中国各地に向かって発信されている。また日本のNHKと『シルクロード』『大黄河』といった番組を共同制作していることでも知られる。同じ敷地内にはテレビ文化センターが立ち、CCTVに対してTVCC (Television cultural center) の愛称をもつ。

★★★
王府井／王府井 wáng fǔ jǐngワンフージン
中国中央電視台／中国中央电视台 zhōng guó zhōng yāng diàn shi táiチョングゥオチョンヤンディエンシィタイ
798芸術区／798艺术区 qī jiǔ bā yì shù qūチィジゥバァイィシュウチィウ

★★☆
国貿／国贸 guó màoグゥオマオ
三里屯／三里屯 sān lǐ túnサンリィトゥン

★☆☆
朝陽門／朝阳门 cháo yáng ménチャオヤンメン
建国門／建国门 jiàn guó ménジアングゥオメン
日壇公園／日坛公园 rì tan gōng yuánリィタンゴンユェン
金台夕照／金台夕照 jīn tái xī zhàoジンタイシィジャオ
朝陽公園／朝阳公园 zhāo yáng gōng yuánチャオヤンゴォンユゥエン
燕沙／燕沙 yàn shāイェンシャア
中国美術館／中国美术馆 zhōng guó měi shù guǎnチョングゥオメイシュウグゥアン
東四／东四 dōng sìドンスー

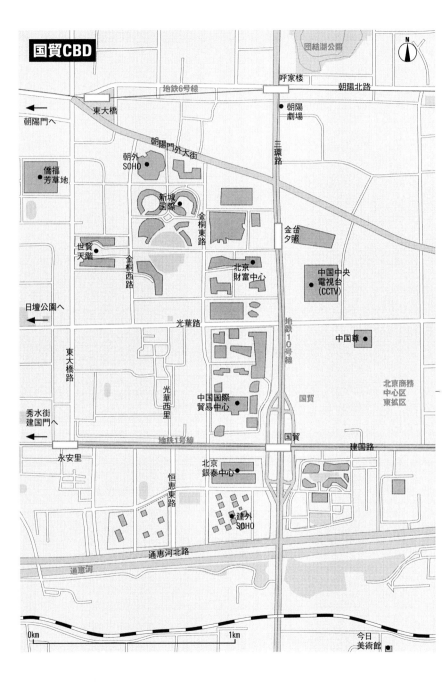

中国国際貿易中心／中国国际贸易中心 ★☆☆
zhōng guó guó jì mào yì zhōng xīn
ちゅうごくこくさいぼうえきちゅうしん／チョングゥオグゥオジマオイイチョォンシン

　20世紀末からの中国の高度経済成長にあわせて発展した北京商務中心区(CBD)の象徴とも言える中国国際貿易中心。1990年の国貿一期、1999年の国貿二期、2010年の国貿三期と拡大を続けてきた。国貿三期は中国国貿大廈(China World Towers)と呼ばれる高さ330mの超高層建築で、空中に伸びあがる美しい姿を見せる。この中国国際貿易中心から北京商務中心区(CBD)の駅名「国貿」がとられ、中国大飯店、国貿商城などがここに集まる。北京の政治、経済、文化の中心地として国際会議、見本市などが開かれ、外国の要人も滞在する。

世貿天階／世贸天阶 ★☆☆
shì mào tiān jiē
せぼうてんかい／シイマオティエンジエ

　北京CBDの一角に位置する巨大商業施設の世貿天階

★★★
中国尊／中国尊 zhōng guó zūn チョングゥオズゥン
中国中央電視台／中国中央电视台 zhōng guó zhōng yāng diàn shì tái チョングゥオチョンヤンディエンシィタイ

★★☆
国貿／国贸 guó mào グゥオマオ

★☆☆
中国国際貿易中心／中国国际贸易中心 zhōng guó guó jì mào yì zhōng xīn チョングゥオグゥオジマオイイチョォンシン
世貿天階／世贸天阶 shì mào tiān jiē シイマオティエンジエ
北京財富中心／北京财富中心 běi jīng cái fù zhōng xīn ベイジンツァイフウチョォンシン
僑福芳草地／侨福芳草地 qiáo fú fāng cǎo dì チィアオフウファンツァオディ
朝陽劇場／朝阳剧场 zhāo yáng jù chǎng チャオヤンジュウチャアン
北京商務中心区東拡区／北京商务中心区东扩区 běi jīng shāng wù zhōng xīn qū dōng kuò qū ベイジンシィアンウウチョンシンチュウドォンクゥオチュウ
金台夕照／金台夕照 jīn tái xī zhào ジンタイシィジャオ
建外SOHO／建外SOHO jiàn wài soho ジアンワイソーホー
北京銀泰中心／北京银泰中心 běi jīng yín tài zhōng xīn ベイジンインタイチョォンシン
今日美術館／今日美术馆 jīn rì měi shù guǎn ジンリメイシュウグゥアン
通恵河／通惠河 tōng huì hé トォンフイハァ
団結湖公園／团结湖公园 tuán jié hú gōng yuán トゥアンジエフウゴォンユゥエン

(THE PLACE)。屋根状に覆いかぶさり、地上からうえを向いて見る長さ250m、幅30mの超巨大なビジョンで知られる(「全北京向上看」)。生活感度の高い北京人向けに、ファッション、雑貨、レストランほか、ホテルやビジネス拠点も備える。

北京財富中心／北京财富中心 ★☆☆
běi jīng cái fù zhōng xīn
ぺきんざいふちゅうしん／ベイジンチャイフウチョンシン

通りをはさんでCCTVの向かいにそびえる北京財富中心。5つの建築からなり、高さは265mになる。各国の銀行などが入居し、ショッピング・モール、ホテル、レストラン、高級マンションなどを併設する。

僑福芳草地／侨福芳草地 ★☆☆
qiáo fú fāng cǎo dì
きょうふくほうそうち／チィアオフウファンツァオディ

オフィス、ファッション、アート、ホテルなどがあわさった複合施設の僑福芳草地Parkview Green。変形ピラミッド型の建築は、ガラスウォールにおおわれ、吹き抜けの空間にオブジェ(現代美術)がおかれている。北京CBDに立つこの僑福芳草地は、香港の僑福集団が開発し、2009年に完成した。

朝陽劇場／朝阳剧场 ★☆☆
zhāo yáng jù chǎng
ちょうようげきじょう／チャオヤァンジュウチァァン

北京の雑技(サーカス)が開催される朝陽劇場。あでやかな衣装に身につけた役者による、体を使った曲芸が演じられる。柔軟な体のポーズ、皿まわしなどの定番演技はじめ、自転車、ボール、トランポリンなど、アクロバットな演技が展開する。この朝陽劇場は1984年に建てられた。

CCTVは北京のランドマーク

すらりと伸びあがる中国尊

天井は巨大な電光掲示板となっている世貿天階

こんな建物見たことない、CCTV

建国門外の商業施設、建外SOHO

北京商務中心区東拡区／北京商务中心区东扩区 ★☆☆
běi jīng shāng wù zhōng xīn qū dōng kuò qū
ぺきんしょうむちゅうしんくとうかくく／ベイジンシィアンウウチョンシンチュウドンクゥオチュウ

　北京商務中心区(CBD)の急速な発展を受け、そこから東側に隣接して開発が進む東拡区。三環路から四環路のあいだ、緑地を配し、大型商業施設、高層ビルが整然と区画された土地にならび立つ計画がされた。

金台夕照／金台夕照 ★☆☆
jīn tái xī zhào
きんだいゆうしょう／ジンタイシィジャオ

　金台夕照駅界隈には、CCTVをはじめとする高層ビルがずらりとならぶ。金台夕照という地名は、北京に都をおいた金の章宗が夕日の美しさを「燕京八景」のひとつに選んだことに由来する。金台夕照の場所ははっきりとしていないが、明代の朝陽門近くだという記述からこの地に名づけられた。

建外SOHO／建外SOHO ★☆☆
jiàn wài soho
けんがいそーは／ジアンワイソーホー

　建外SOHOは、国貿のすぐ南に位置するオフィス、店舗、住居からなる複合施設。白色、格子窓状の壁面をもった高さの異なる複数のビル群が美しいたたずまいを見せている。

北京銀泰中心／北京银泰中心 ★☆☆
běi jīng yín tài zhōng xīn
ぺきんぎんたいちゅうしん／ベイジンインタァイチョンシン

　建国門外大街の南側に位置する北京銀泰中心(Beijing Yintai Centre)。幾何学グリッドの外壁をもつ3つのタワーからなり、中央主楼は高さ249.9m(66階建て)、東西両翼楼は高さ186m(52階建て)になる。これら3つのタワーには、それぞれ高級ホ

摩天楼を描く北京の中心業務地区(CBD)

テル、ショッピング・モールなどが入居する。

今日美術館／今日美术馆★☆☆
jīn rì měi shù guǎn
こんにちびじゅつかん／ジィンリイメイシュウグゥアン

　現代美術の収蔵、展示、研究や書籍の出版を行なう今日美術館。CBDの南側に立ち、主館は5階建て、高さ30mで、屋上から「看展覧」(汪建偉による作品)が地上を見下ろしている。2006年に開業した。

通恵河／通惠河★☆☆
tōng huì hé
つうけいが／トォンフイハァ

　モンゴル帝国元(1260～1368年)のフビライ・ハンの命で開削された全長80kmの通恵河。北京から天津へ流れる海河を結ぶ運河で、京杭大運河から運ばれてくる江南の物資はこの通恵河を通って北京へと運ばれた(フビライ・ハンには、通恵河を開くことで首都北京から直接、海へいたる港湾機能をもたせる意図があったという)。また冬は凍結することから、スケートで天津方面と往来する人の姿もあったという。

San Li Tun
三里屯城市案内

北京市街東部の三里屯の一角では
最先端をいくショップや人々が見られる
三里屯北の燕沙には日本人も多く暮らす

三里屯／三里屯★★☆
sān lǐ tún
さんりとん／サンリィトゥン

　古い北京の雑踏とは異なる洗練された街並みが広がる三里屯。三里屯という名称は、北京城の東三里を意味し、明清時代は平民や農民が暮らす北京城外の地だった(明清時代は、順天府大興県に属するなど郊外だった)。北京城壁から三里の地にひとつの集落「三里坟」があり、周囲は草が生えた地で人がまばらだった。1949年の新中国建国後、この地に中学校、飴糖工場などがつくられ、1960〜70年代に各国大使館や公務員住宅が建てられた。20世紀末、三里屯に暮らす外国人に応えるようにバーストリートができ、中国の経済発展とともに洗練された店が三里屯に集まるようになった。また21世紀に入ってから三里屯太古、三里屯SOHOなどの大型開発も進み、「北京夜生活(ナイトライフ)」を楽しめる街として知られる。夜に外で遊ぶという北京人のスタイルも三里屯からはじまり、外国人が多いことから、北京でもっとも英語が通じるのが三里屯だという。

三里屯バーストリート／三里屯酒吧街 ★☆☆
sān lǐ tún jiǔ bā jiē
さんりとんばーすとりーと／サンリィトゥンジィウバアジィエ

　全長260mほどの通りの両脇に、カフェやバーがならぶ三里屯バーストリート(三里屯路)。1994年、西欧帰りの居嵐という女性が三里屯南街にバーを開いたのがはじまりで、1995年にはバーストリートが形成されるようになった。ヨーロッパ風のカフェやバーがならび、夜になると多くの外国人が訪れ、「北京夜生活(ナイトライフ)」を楽しめる。

★★★
中国尊／中国尊 zhōng guó zūn チョンヴゥオズゥン
中国中央電視台／中国中央电视台 zhōng guó zhōng yāng diàn shì tái チョンヴゥオチョンヤンディエンシィタイ
★★☆
国貿／国贸 guó mào グゥオマオ
三里屯／三里屯 sān lǐ tún サンリィトゥン
★☆☆
三里屯バーストリート／三里屯酒吧街 sān lǐ tún jiǔ bā jiē サンリィトゥンジィウバアジィエ
三里屯太古里／三里屯太古里 sān lǐ tún tài gǔ lǐ サンリィトゥンタァイグゥリィ
三里屯SOHO／三里屯SOHO sān lǐ tún soho サンリィトゥンソーホ
雅秀服装市場／雅秀服装市场 yǎ xiù fú zhuāng shì chǎng ヤアシィウフウチュゥアンシイチァアン
全国農業展覧館／全国农业展览馆 quán guó nóng yè zhǎn lǎn guǎn チュゥエングゥオノンイエチャンラァングゥアン
朝陽公園／朝阳公园 zhāo yáng gōng yuán チャオヤンゴンユゥエン
鳳凰国際伝媒中心／凤凰国际传媒中心 fèng huáng guó jì chuán méi zhōng xīn フェンフゥアングゥオジイチュゥアンメイチョンシィン
団結湖公園／团结湖公园 tuán jié hú gōng yuán トゥアンジエフウゴォンユゥエン
燕沙／燕沙 yàn shā イェンシャア
霄雲路／霄云路 xiāo yún lù シィアオユンルウ
日壇公園／日坛公园 rì tan gōng yuán リィタンゴンユエン
中国国際貿易中心／中国国际贸易中心 zhōng guó guó jì mào yì zhōng xīn チョンヴゥオグゥオジイマオイイチョンシン
世貿天階／世贸天阶 shì mào tiān jiē シイマオティエンジエ
僑福芳草地／侨福芳草地 qiáo fú fāng cǎo dì チアオフウファンツァオディ
北京商務中心区東拡区／北京商务中心区东扩区 běi jīng shāng wù zhōng xīn qū dōng kuò qū ベイジンシィアンウウチョンシンチゥドォンクゥオチゥウ
金台夕照／金台夕照 jīn tái xī zhào ジンタイシィジャオ
建外SOHO／建外SOHO jiàn wài soho ジアンワイソーホー
紅領巾公園／红领巾公园 hóng lǐng jīn gōng yuán ホンリィンジンゴンユゥエン

三里屯太古里／三里屯太古里 ★☆☆
sān lǐ tún tài gǔ lǐ
さんりとんたいこり／サンリィトゥンタァイグウリイ

　ファッションや雑貨のショップやカフェ、レストラン、オフィス、ホテルが入居する三里屯太古里。高さを抑えた低層型の19の建築が不規則にならぶ複合施設で、2008年に建てられた当初は三里屯VILLAGEといった（この建物の設計にあたっては、北京の伝統的な住宅の四合院が意識されたという）。北区と南区から構成され、SOHOに隣接する南側の壁面は、鏡貼りでななめに傾斜している。現代アート、ファッション、グルメなどで北京の情報発信地となっていて、「潮人（流行感度の高い人）」が集まる「時尚駅站（ファッションの発信の場）」と呼ばれる。夜遅くまでにぎわっている。

三里屯SOHO／三里屯SOHO ★☆☆
sān lǐ tún soho
さんりとんそーほ／サンリィトゥンソーホ

　三里屯太古里の南側に広がる三里屯SOHO。9本の細身のタワーが林立し、複合施設の下部はオフィス、上部は住宅となっている。カーテンウォールで壁面をおおわれたタワーの足元の地上部は、都市のなかの谷が意識されているという。

雅秀服装市場／雅秀服装市场 ★☆☆
yǎ xiù fú zhuāng shì chǎng
がしゅうふくそういちば／ヤアシィウフウチュウアンシイチァアン

　三里屯にある地元の人向けの服装をあつかう雅秀服装市場。地上5階、地下8階建ての雑居ビルに帽子や靴、雑貨などの店舗が入居し、店内にはびっしりと服がならべられている。

全国農業展覧館／全国农业展览馆 ★☆☆
quán guó nóng yè zhǎn lǎn guǎn
ぜんこくのうぎょうてんらんかん／チュゥエングゥオノォンイエチャンラァングゥアン

　三里屯近くに立つ全国農業展覧館。農産物や農業の歴史について展示、研究を行ない、中国各地の優良品種の展示会が開催される。中国伝統様式の三層屋根をもち、会議室、ホール、商務センター、ホテルやレストランを備える。新中国建国10年にあわせて1959年に建設され、北京駅や民族文化宮などとともに首都十大建築に挙げられた。

左に雅秀服装市場が見える

日本でもおなじみのショップも見られる

三里屯SOHO、カーテンウォールが輝いている

近くにはバーストリートもある

Yan Sha
燕沙城市案内

燕沙は北京CBDの北側にあり
外国人も多く暮らすエリア
豊かな緑地に包まれている

朝陽公園／朝阳公园 ★☆☆
zhāo yáng gōng yuán
ちょうようこうえん／チャオヤンゴォンユゥエン

　北京市街で最大規模の南北2.8km、東西1.5kmという敷地面積をもつ朝陽公園。1984年に水碓子公園として建設され、1992年に現在の名前となった。公園の4分の1が水域となっていて、豊かな緑におおわれた公園各地にモニュメント、中国庭園などの景勝地が配置されている。近くには日本の大使館があるほか、南側は北京CBDにあたり、21世紀以降開発が進んだ。

鳳凰国際伝媒中心／凤凰国际传媒中心 ★☆☆
fèng huáng guó jì chuán méi zhōng xīn
ほうおうこくさいでんばいちゅうしん／フェンフゥアングゥオジイチュアンメイチョンシン

　朝陽公園の南西に位置するテレビ制作局のオフィス、鳳凰国際伝媒中心。建物はメビウスの輪がイメージされ、歪んだ曲線が無数に走るデザインとなっている（BIAD設計）。高さ55m、地上10階、地下3階からなり、Phenix International Media Centerともいう。

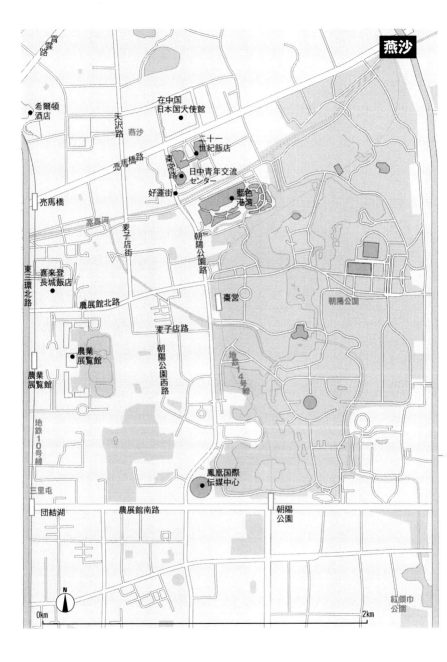

好運街／好运街 ★☆☆
hǎo yùn jiē
こううんがい／ハオユンジエ

レストランやバーが集まるグルメストリートの好運街（ラッキーストリート）。2005年から多くの料理店が集まるようになり、北京料理、四川料理のほか、日本料理、韓国料理、インド料理など、各国の料理が食べられる。近くには日本大使館はじめ、各国大使館が位置し、あたりには日本人も多く暮らす。好運街から棗営路へと続いていく。

藍色港湾／蓝色港湾 ★☆☆
lán sè gǎng wān
あいいろこうわん／ランセエガァンワン

朝陽公園に隣接するショッピングモールの藍色港湾（SOLANA）。レストラン、ショップなどが集まる2〜3階建ての低層商業施設で、余暇に訪れる北京人の姿がある。

★★☆
三里屯／三里屯 sān lǐ tún サンリィトゥン

★☆☆
全国農業展覧館／全国农业展览馆 quán guó nóng yè zhǎn lǎn guǎn チュウエングゥオノォンイエチャンラァングゥアン
朝陽公園／朝阳公园 zhāo yáng gōng yuán チャオヤンゴォンユゥエン
鳳凰国際伝媒中心／凤凰国际传媒中心 fèng huáng guó jì chuán méi zhōng xīn フェンフゥアングゥオジイチュウアンメイチョンシィン
好運街／好运街 hǎo yùn jiē ハオユンジエ
藍色港湾／蓝色港湾 lán sè gǎng wān ランセエガァンワン
団結湖公園／团结湖公园 tuán jié hú gōng yuán トゥアンジエフウゴォンユゥエン
燕沙／燕沙 yàn shā イェンシャア
日中青年交流センター／中国国际青年交流中心 zhōng guó guó jì qīng nián jiāo liú zhōng xīn チョングゥオグゥオジィチンニィエンジャオリュウチョンシン
霄雲路／霄云路 xiāo yún lù シィアオユンルウ
紅領巾公園／红领巾公园 hóng lǐng jīn gōng yuán ホンリィンジンゴォンユゥエン

燕沙で食べた北京ダック

ゆったりとした時間の流れる北京の路地

夜は赤提灯がともり、鬼街と呼ばれる東直門内大街

中国銀行、金融機関や外資系企業も多い

团結湖公園／团结湖公园 ★☆☆
tuán jié hú gōng yuàn
だんけつここうえん／トゥアンジエフウゴォンユウエン

　三里屯の南東に位置し、江南の庭園を参考につくられた団結湖公園。中央に大きな島が浮かび、その周囲に水が流れる。1958年、労働者、学生など、さまざまな職業の人たちが団結して造園したことからその名前がつけられた。菊の花が有名。

燕沙／燕沙 ★☆☆
yàn shā
えんさ／イェンシャア

　市街東部の朝陽区に位置する燕沙は、北京の高級住宅街。希爾頓酒店、喜来登長城飯店をはじめとする超高級ホテルがならび、日本国大使館が位置するほか、日本人も暮らす。近くには朝陽公園があり、北京のなかで住環境がよいエリアと知られる。

日中青年交流センター／中国国际青年交流中心 ★☆☆
zhōng guó guó jì qīng nián jiāo liú zhōng xīn
にっちゅうせいねんこうりゅうせんたー／チョングゥオグゥオジィチンニェンジャオリュウチョンシン

　北京市街の東北部、朝陽公園のそばに立つ日中青年交流センター。日本と中国の青年による文化交流や教育を目的に建設され、ホテルやホール、研修ルームなどからなる施設となっている。

霄雲路／霄云路 ★☆☆
xiāo yún lù
しょううんろ／シィアオユンルウ

　北京市街北東部、空港線と並行するように斜めに走る霄雲路。2002年に形成された比較的新しい通りで、北京料理の老舗から韓国料理など、各地の料理を出す店舗が集まる。

空港へのアクセス拠点となる東直門や三元橋に近い。

Qi Jiu Ba Yi Shu Qu
798芸術区鑑賞案内

北京の芸術家やデザイナーがアトリエを構え
その作品を売るショップや
ギャラリーが集まる798芸術区

798芸術区／798艺术区★★★
qī jiǔ bā yì shù qū
ななきゅうはちげいじゅつく／チィジウバァイイシュウチィウ

　アトリエやカフェ、ギャラリーが集まり、北京の現代アートに触れることができる798芸術区。1950年代、ソ連の援助、東ドイツの設計による国営電子部品工場があり、798番だったところから798工場と呼ばれていた（冷戦時代の中国は共産陣営だった）。この工場は1980〜90年代には衰退していったが、1994年ごろから北京の芸術家が円明園などから、この大山子地区へ移住するようになった。こうして798工場（718連合工場）跡をそのままアトリエ、アートギャラリーやカフェに転用し、2002年、798芸術区としてオープンした。敷地内には現代美術のモニュメントがいたるところにおかれ、画廊、工房、ファッションの店舗がならぶ。中国国内での現代アートやグラフィックデザインへの人気の高まりを受けて、今では多くの人々がこの798芸術区へ足を運ぶようになっている。

北京でふれる現代アート

　世界中から熱いまなざしがそそがれる北京の現代アートシーン。市街北東に位置する798芸術区はその代表格とし

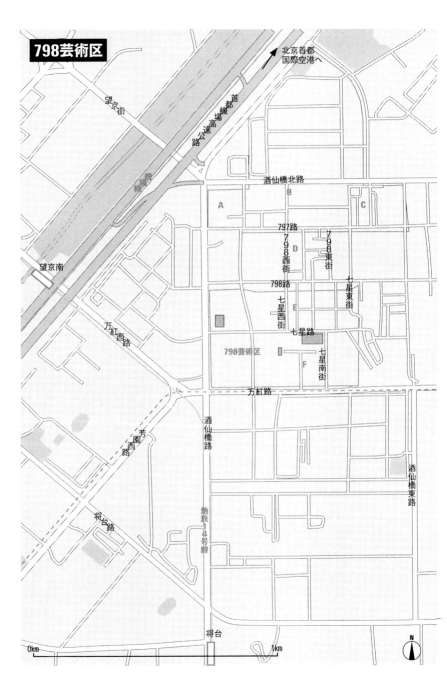

て知られ、多くの来訪者を集めている。この798芸術区は朝陽区の大山子地区にあり、もともと1950年代に旧ソ連の支援、東ドイツの設計で建設された工業地域だった。そうしたなか21世紀に入るころから、中国人のアーティスト、デザイナーがこのあたりに移住したことで現代アートの発信地へと変貌をとげた。工場の建屋をそのまま使ったギャラリー、カフェがならび、なかには文革時代に記された「毛主席万歳」といったスローガンも見られる。798芸術区のほかにも、北京郊外の宋庄画家村、草場地芸術区などが知られる。

***
798芸術区／798艺术区 qī jiǔ bā yī shù qū チィジュウバァイイシュウチィウ

 北京現代アートの発信地798芸術区

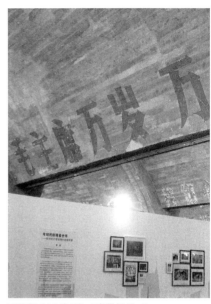 工場がそのままギャラリーに転用されている

Wang Jing 望京城市案内

北京市街東北部の望京地区
中国を代表する中央美術学院はじめ
アートスポットが位置する

望京SOHO／望京SOHO ★☆☆
wàng jīng soho
ぼうきょうそーは／ワンジンソーホ

　北京北西の望京地区に立ち、オフィス、商業施設が入る望京SOHO。美しい流線型の建物は、イラク人建築家ザハ・ハディッドの設計による（銀河SOHOと同様）。

中央美術学院博物館／中央美术学院博物馆 ★☆☆
zhōng yāng měi shù xué yuàn bó wù guǎn
ちゅうおうびじゅつがくいんはくぶつかん／チョンヤンメイシュウシュエユェンボウグァン

　中央美術学院博物館は中国でもっとも伝統ある美術系大学の博物館。地上4階、地下2階からなる建物は福建省の花崗岩、四川省の大理石などが使用され、曲線状の外壁をもつ。もともと中央美術学院は北京市街の中心部にあったが、2000年から郊外に移転がはじまり、それにともなって多くの若手アーティストもこのあたりに移り住むようになった（近くには798芸術区が位置する）。

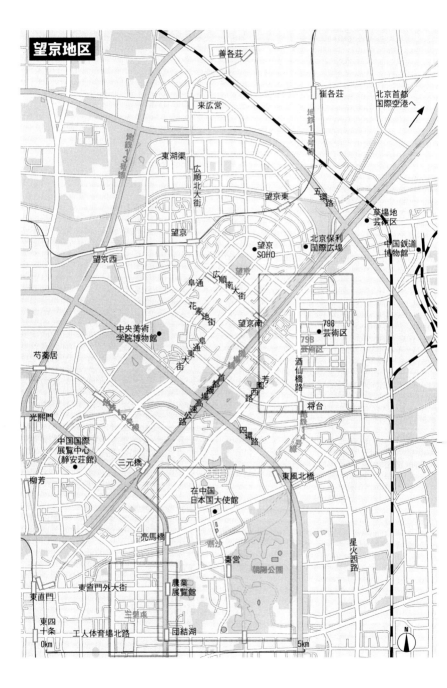

北京保利国際広場／北京保利国际广场 ★☆☆
tōng jiāo sì
ぺきんほりこくさいひろば／トォンジァオスー

　北京市街中心部と北京空港のあいだの望京地区に立つ北京保利国際広場。3棟の建物が集まり、主楼の高さは161.2mになる。主楼の外観は紙の燈籠がイメージされ、ダイヤモンドのような幾何学模様をもつ（鑽石燈籠）。オフィスが入居する。

草場地芸術区／草场地艺术区 ★☆☆
cǎo chǎng dì yì shù qū
そうばちげいじゅつく／ツァオチャンデイイシュウチュウ

　798芸術区の北東に位置するレンガづくりのギャラリーやアトリエがならぶ草場地芸術区。ここは五環路の走る北京郊外の小さな村に過ぎなかったが、1998年ごろから芸術家が拠点をおくようになった（アイ・ウェイウェイの工房もあった）。2005年ごろからギャラリーが集まるようになり、現代アートの発信地へと変貌をとげた。

★★★
798芸術区／798艺术区 qī jiǔ bā yì shù qūチィジュウバァイシュウチィウ

★★☆
三里屯／三里屯 sān lǐ túnサンリィトゥン

★☆☆
望京SOHO／望京SOHO wàng jīng sohoワンジンソーホ
中央美術学院博物館／中央美术学院博物馆 zhōng yāng měi shù xué yuàn bó wù guǎnチョンヤンメイシュウシュエユェンボォウゥグァン
北京保利国際広場／北京保利国际广场 běi jīng bǎo lì guó jì guǎng chǎngベイジンパオリイグゥオジイグゥアンチャアン
草場地芸術区／草场地艺术区 cǎo chǎng dì yì shù qūツァオチャンデイイシュウチュウ
中国鉄道博物館／中国铁道博物馆 zhōng guó tiě dào bó wù guǎnチョンゴゥオティエダオボオウウグゥアン
中国国際展覧中心（静安荘館）／中国国际展览中心（静安庄馆） zhōng guó guó jì zhǎn lǎn zhōng xīn (jìng ān zhuāng guǎn) チョングゥオグゥオジイチャンランチョンシン（ジンアンチュウアングゥアン）
朝陽公園／朝阳公园 zhāo yáng gōng yuánチャオヤンゴオンユゥエン
燕沙／燕沙 yàn shāイェンシァア
全国農業展覧館／全国农业展览馆 quán guó nóng yè zhǎn lǎn guǎnチュウエングゥオノォンイエチャンラァングゥアン

望京SOHOのデザインは銀河SOHOと同じ設計者による

望京地区に立つ北京保利国際広場

中国鉄道博物館／中国铁道博物馆 ★☆☆
zhōng guó tiě dào bó wù guǎn
ちゅうごくてつどうはくぶつかん／チョングゥオティエダオボオウウグゥアン

　中国鉄道博物館には正陽門展館と東郊展館があり、こちらは東郊展館にあたる。16500平方メートルの広大な敷地をもち、8つの線路上に1881〜1993年製の50台を超す車両がおかれている。なかには現存する中国でもっとも早い1922年製の蒸気機関車や、1941年に日本で製造された毛沢東号、朱徳号といった車両も見られる。これら機関車両展庁のほか、図表や模型、写真がならぶ総合展庁が位置する。2003年に開業した。

中国国際展覧中心(静安荘館)／中国国际展览中心(静安庄馆) ★☆☆
zhōng guó guó jì zhǎn lǎn zhōng xīn (jìng ān zhuāng guǎn)
ちゅうごくこくさいてんらんちゅうしん(せいあんそうかん)／チョングゥオグゥオジイチャンランチョンシン(ジィンアンチュゥアングゥアン)

　市街北東の北三環東路に位置する中国国際展覧中心(静安荘館)。8つの展示場を抱え、国内外の経済、技術交流、貿易見本市などが開催される。北京にある展覧会場のなかでは初期の1985年につくられた。

Shou Du Ji Chang
首都空港城市案内

北京への玄関口となる北京首都国際空港は
市街の北東郊外に位置する
そこから機場線で市街東直門と結ばれている

北京首都国際空港／北京首都国际机场 ★☆☆
běi jīng shǒu dū guó jì jī chǎng
ぺきんしゅとこくさいくうこう／ベイジンショウドゥグゥオジィジーチャン

　中国国内、世界各国と北京を結ぶ北京首都国際空港。1958年に開業し、20世紀末から新たなターミナルが整備され、2008年には第3ターミナルが完成した(それぞれT1、T2、T3と呼ぶ)。世界でも有数の規模をもつ空港で、北京市街から25km離れた東北に位置する。

中国国際展覧中心(天竺新館)／中国国际展览中心(天竺新馆) ★☆☆
zhōng guó guó jì zhǎn lǎn zhōng xīn (tiān zhú xīn guǎn)
ちゅうごくこくさいてんらんちゅうしん(てんじくしんかん)チョングゥオグゥオジイチャンランチョンシィン(ティエンチュウシィングゥアン)

　2008年、北京空港の近くに開館した中国国際展覧中心(天竺新館)。静安荘館に対して新館にあたり、総面積155.5ヘクタールの広大な敷地面積をもつ。柱のない単層の巨大な空間をもつ会場はじめ、いくつかのタイプの展示場を擁する。順義天竺空港城商務区の一角に位置し、あたりはのどかな景色が広がる。

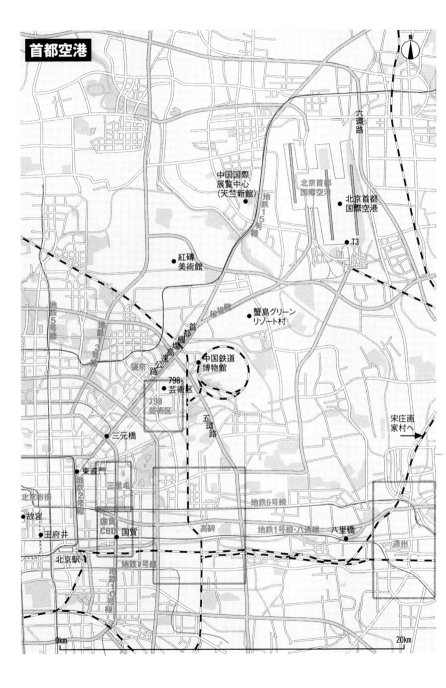

紅磚美術館／红砖美术馆 ★☆☆
hóng zhuān měi shù guǎn
こうせんびじゅつかん／ホォンチュゥアンメイシュウグゥアン

　北京市街から少し離れた北東郊外に立つ紅磚美術館。2014年、閆士傑と曹梅の夫婦によってつくられた現代美術館で、紅磚(赤レンガ)で彩られた建物から、その名前がとられている。地上2階と地下1階からなり、現代美術の収蔵、展示、研究などを行なう。

蟹島グリーンリゾート村／北京蟹岛度假村 ★☆☆
běi jīng xiè dǎo dù jiǎ cūn
かいとうぐりーんりぞーとむら／ベイジィンシエダァオドゥドゥジィアチュン

　北京市街から少し離れ、水と森林に囲まれた郊外の田園風景のなかにある蟹島グリーンリゾート村。栽培園、養殖園、科学技術園、観光レジャー園からなり、農業と観光が一体となったリゾート村として整備された。家畜との触れ合い、野菜の収穫、農家飯(農家の料理)の堪能といった体験もできる。

★★★
王府井／王府井 wáng fǔ jǐng ワンフージン
798芸術区／798艺术区 qī jiǔ bā yì shù qū チィジュウバァイィシュウチィゥ

★★☆
国貿／国贸 guó mào グゥオマオ
三里屯／三里屯 sān lǐ tún サンリィトゥン

★☆☆
北京首都国際空港／北京首都国际机场 běi jīng shǒu dū guó jì jī chǎng ベイジンショウドゥグゥオジィジーチャン
中国国際展覧中心 (天竺新館)／中国国际展览中心（天竺新馆） zhōng guó guó jì zhǎn lǎn zhōng xīn (tiān zhú xīn guǎn) チョングゥオグゥオジィチャンランチョンシィン(ティエンチュウシィングゥアン)
紅磚美術館／红砖美术馆 hóng zhuān měi shù guǎn ホォンチュゥアンメイシュウグゥアン
蟹島グリーンリゾート村／北京蟹岛度假村 běi jīng xiè dǎo dù jiǎ cūn ベイジィンシエダァオドゥドゥジィアチュン
中国鉄道博物館／中国铁道博物馆 zhōng guó tiě dào bó wù guǎn チョングゥオティエダオボオウゥグゥアン
通州／通州 tōng zhōu トンチョウ
八里橋／八里桥 bā lǐ qiáo バァリィチャオ

圧倒的な巨大空間、北京首都国際空港

中国国際展覧中心(天竺新館)は空港近くに立つ

Gao Bei
高碑城市案内

北京中心部から地鉄1号線で東へ
高碑店には中国紫檀博物館や
高碑店古家具街などが位置する

中国紫檀博物館／中国紫檀博物馆★☆☆
zhōng guó zǐ tán bó wù guǎn
ちゅうごくしたんはくぶつかん／チョングゥオヅゥタァンボオウグゥアン

　明清時代の調度品や木彫りの彫刻が展示された中国紫檀博物館。紫檀とは中国の家具に使われるマメ科の常緑小高木のこと。木目が美しく固いため、家具に向き、高価で貴重な材料だった。博物館の外観は、明清時代の建築を思わせる。

高碑店古家具街／高碑店古家具街★☆☆
gāo bēi diàn gǔ jiā jù jiē
こうひてんこかぐがい／ガオベイディエングウジィアジュウジエ

　明清時代の家具はじめ、椅子や机、棚などをあつかう店がならぶ高碑店古家具街。1990年代に河北や山西などの地方から家具がもちこまれ、この地に家具店が集まるようになった。通りの全長は1800mになる。

興隆公園／兴隆公园★☆☆
xīng lóng gōng yuán
こうりゅうこうえん／シィンロンゴォンユウエン

　北京市街東部の高碑に位置する興隆公園。かつては「興隆片林」と呼ばれていたが、1992年から興隆公園(現在の姿)に

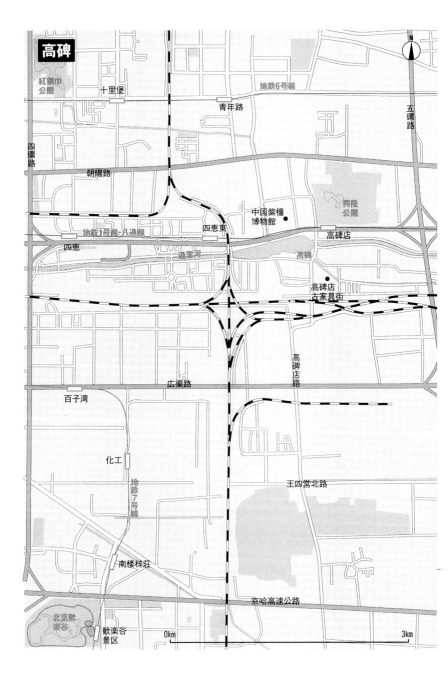

なった。人工湖が広がり、八角亭などの景勝地が見られる。

北京歓楽谷／北京欢乐谷 ★☆☆
běi jīng huān lè gǔ
ぺきんかんらくだに／ベイジンフゥアンラアグゥ

　2006年にオープンしたテーマパークの北京歓楽谷（北京ハッピーバレー）。「フィヨルドの森」「エーゲ海の港」「失われたマヤ文明」「シャングリラ」「お菓子の王国」「古代文明とアトランティス」「ハッピーアワー」などを主題とするアトラクションが楽しめる。

紅領巾公園／红领巾公园 ★☆☆
hóng lǐng jīn gōng yuán
こうりょうきんこうえん／ホンリィンジンゴォンユゥエン

　市街東部の六里屯近くに位置する紅領巾公園。銀杏が有名なことから銀杏広場があり、園内は豊かな水をたたえる。

★☆☆
中国紫檀博物館／中国紫檀博物馆 zhōng guó zǐ tán bó wù guǎn チョングゥオヅゥタァンボオウグゥアン
高碑店古家具街／高碑店古家具街 gāo bēi diàn gǔ jiā jù jiē ガオベイディエングゥジィアジュウジエ
興隆公園／兴隆公园 xīng lóng gōng yuán シィンロォンゴォンユゥエン
北京歓楽谷／北京欢乐谷 běi jīng huān lè gǔ ベイジンフゥアンラアグゥ
紅領巾公園／红领巾公园 hóng lǐng jīn gōng yuán ホンリィンジンゴォンユゥエン

紅葉を迎えていく北京、秋がもっとも美しいという

今も残る明清時代の建築

ロシア語のキリル文字が見える

しっかり着込んだ女の子、冬の北京は寒い

Tong Zhou
通州城市案内

北京へ続く運河の街として知られていた通州
北京市街東部の開発とともに
通勤圏の郊外として注目されている

通州／通州 ★☆☆
tōng zhōu
つうしゅう／トンチョウ

　北京市街東に位置する通州区は、古く通州と言われ、北京の東側の玄関口として栄えてきた。前漢時代には街があったとされ、北京に都がおかれた金代に通州の名前が見られる。元代になると、フビライ・ハンの命で郭守敬が設計した閘門式運河で北京と通州が結ばれた（通恵河）。江南の物資がこの街を通って北京に陸揚げされ、通州は飛躍的な発展をとげるようになった。その繁栄は明清時代も続いたが、清末期に北京と天津のあいだの鉄道が整備されると街の重要性は低下した（1935～38年、日本の関東軍が満州国に隣接する河北省東部につくった冀東防共自治政府の首都がおかれていたという経緯もある）。21世紀に入って北京市街東部のCBDへの便がよい郊外として注目されている。

通州旧城／通州城 ★☆☆
tōng zhōu chéng
つうしゅうきゅうじょう／トンチョウチェン

　通州旧城はかつての通州市街がおかれていた場所で、明代に城郭が建てられて以来の歴史をもつ（モンゴルの元討伐に功のあった徐達や常遇春などが建設した）。その後、16世紀の明第11

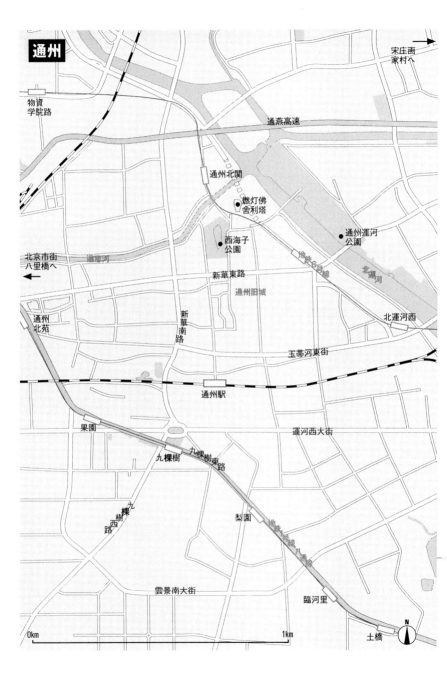

代正徳帝の時代に街が整備され、以後、明清時代を通じて繁栄を見せていた。

西海子公園／西海子公园 ★☆☆
xī hǎi zi gōng yuán
せいかいしこうえん／シイハァイズウゴォンユゥエン

　北京東郊外の通州に位置する西海子公園。1936年に造営され、このあたりは中国南北を結ぶ京杭大運河北端の西側にあたる。樹齢500年の古樹、明の思想家李卓吾の墓、南北朝時代に建てられた高さ56mの燃灯佛舎利塔が立つ。通州新城の中心部に位置する。

燃灯佛舎利塔／燃灯佛舍利塔 ★☆☆
rán dēng fó shè li tǎ
ねんとうぶっしゃりとう／ランデンフォーシェリィタァ

　通州城の北にそびえる高さ50mの燃灯佛舎利塔。則天武后の後周時代に創建されたという歴史をもち、その後、唐の貞観年間、明清代にも重修されて現在にいたる。北京市街の天寧寺塔と同じく遼代の様式をもち、あたりは西海子公園として整備されている。

通州運河公園／通州运河公园 ★☆☆
tōng zhōu yùn hé gōng yuán
つうしゅううんがこうえん／トォンチョウユゥンハアゴォンユゥエン

　杭州と北京を結び、中国経済の大動脈として機能した京杭大運河の北端に位置する通州運河公園(大運河は豊かな江南

★☆☆
通州／通州 tōng zhōuトンチョウ
通州旧城／通州城 tōng zhōu chéngトンチョウチェン
西海子公園／西海子公园 xī hǎi zǐ gōng yuánシイハァイズウゴォンユゥエン
通州運河公園／通州运河公园 tōng zhōu yùn hé gōng yuánトンチョウユゥンハアゴォンユゥエン
燃灯佛舎利塔／燃灯佛舍利塔 rán dēng fó shè li tǎランデンフォーシェリィタァ
通恵河／通惠河 tōng huì hétォンフイハァ

の米や物資を北京へ運んだ。通州から西に折れて北京へ水路は伸びていた)。運河のほとりに広がる長さ4600m、幅600〜800mの公園は、運河文化広場、運河オリンピック公園、生態公園から構成される。運河の歴史が刻まれた花崗岩製の「千年歩道」、古い運河の面影を伝える「碼頭」、運河の街にちなむ17の「親水平台」などが見られる。大運河は鉄道の開通とともに役割を終えた。

八里橋／八里桥 ★☆☆
bā lǐ qiáo
はちりきょう／パァリィチャオ

通恵河にまたがる長さ50m幅16mの大理石の八里橋(通州城の西門から八里の場所にかかっていることからこの名前がつけられた)。明の第11代正統帝の時代(1446年)にかけられ、その後、明清時代を通じて重修されてきた。この地は天津から通州をへて北京へいたる要衝にあたり、1856〜60年のアロー号事件のとき、清軍がここで英仏軍を迎え撃ったことで知られる。清軍は敗れ、咸豊帝は熱河離宮へ逃れた一方、その戦いで功績のあったフランスのモントーバン中将はのちに「八里橋伯」を称したという。

宋荘画家村／宋庄画家村 ★☆☆
sòng zhuāng huà jiā cūn
ソンチュアンフゥアジィアチュン

北京中心部から東へ30km離れたのんびりとした光景が広がるなかにある宋荘画家村。ここは1994年ごろから画家や芸術家たちが集まって形成された芸術村で、北京市街の雑踏にくらべて環境がよく、芸術に没頭しやすいという。芸術家のアトリエやギャラリーなどがならぶ。

Kunou No Kindai
中国苦悩の近代と北京

強盛をほこった清朝も近代化に遅れ
アヘン戦争や義和団事件などをへて
中国は半植民地化されるようになった

ふたつのアヘン戦争

　アヘンの輸出をとりしまった清朝に対して、イギリスは艦隊を派遣して武力で応じ、アヘン戦争がはじまった(当時、交易の中心は都北京から離れた南方の広州にあり、中国の特産品である茶の輸入による貿易赤字を、イギリスはアヘンで相殺しようとした)。武力に勝るイギリスに清朝が敗れると、1842年、南京条約が結ばれ、5つの港の開港とともに、香港島が割譲されることになった。続いて「アロー号のイギリス国旗が中国兵に引きおろされたこと」が国への侮辱だとしてアロー号事件(第二次アヘン戦争、1856～60年)が起こった。清朝はなすすべがなく、イギリスとフランスは北京に侵入し、北京条約が結ばれた。以後、紫禁城近くの東交民巷に各国の公使が駐在するようになった。

義和団事件 (北京の55日)

　1900年、西欧列強の侵略を受けるなかで、「扶清滅洋(清朝を助け、西欧を滅ぼす)」をかかげた義和団が、キリスト教会を焼き討ちするなど、山東省を中心に勢力を広げていた。義和団が北京に入城すると、東交民巷にある各国公使館は攻撃の対象になり、6月13日ごろから各国の護衛兵と義和団が交

戦するようになった(やがて清朝も西欧列強へ宣戦を布告した)。各国護衛兵、義勇兵の481名はじめ、800名の外国人と3000名の中国人キリスト教徒が東交民巷に籠城し、前門や崇文門から東交民巷へ向けて大砲が飛ぶなど、激戦が続いた。イギリス、ロシア、ドイツ、フランス、アメリカ、日本、イタリア、オーストリアの8か国は連合軍を組織して、天津から北京へ向かって進軍し、8月14日、北京城内に突入して東交民巷の外国人が解放された。こうして義和団は鎮圧されることになった(このとき西太后と清朝皇室は西安に逃れている)。

日本占領下の北京

　1901年に起こった義和団事件の鎮圧後も、西欧列強は軍を引きあげることなく、日本は北京郊外に軍を駐屯させていた(また日露戦争後、満州鉄道の警備のために関東軍が長春から旅順に配置された)。1931年の満州事変後、日本は中国華北への侵略を進め、1937年7月に起こった盧溝橋事件を皮切りに日中戦争がはじまった。このとき中華民国軍をひきいた宋哲元は西直門から保定に撤退し、北京は日本軍に占領された(その後、傀儡政権をつくることで、日本は華北を占領下においた)。北京では学生が抗日運動をし、労働者は仕事をやめるなどして抵抗を見せたが、北京神社が建てられ、標準時間を東京時間にするなど日本の統治が続いた(1945年に日本は敗戦)。また実現することはなかったが、このとき頤和園から南に新市街をつくること、長安街を整備して東西の交通網を活性化させること、北京東の通州を工業区にすることなどの計画があったという。

北京南西の盧溝橋、日中戦争はここではじまった

アロー号事件で破壊された円明園

高層ビルの谷間に伝統建築が残る、これが北京

日本では見かけない食材に出合うことも

参考文献

『中国の歴史散歩1』(山口修/ 山川出版社)
『北京王府井地区における商業施設の変容過程について』(于小川・片野博/日本建築学会研究報告)
『インタビュー レム・コールハース氏』(日経アーキテクチュア 758)
『三里屯VILLAGE』(新建築 84(3))
『三里屯SOHO』(新建築 86(1))
『北京案内記』(安藤更生/新民印書館)
『北京市东城区志』(北京市东城区地方志編纂委员会/北京出版社)
『世界大百科事典』(平凡社)
北京観光の公式サイト・北京旅行網 http://japan.visitbeijing.com.cn/
[PDF]北京空港案内 http://machigotopub.com/pdf/beijingairport.pdf
[PDF]北京地下鉄路線図 http://machigotopub.com/pdf/beijingmetro.pdf

まちごとパブリッシングの旅行ガイド
Machigoto INDIA , Machigoto ASIA , Machigoto CHINA

北インド-まちごとインド

- 001　はじめての北インド
- 002　はじめてのデリー
- 003　オールド・デリー
- 004　ニュー・デリー
- 005　南デリー
- 012　アーグラ
- 013　ファテープル・シークリー
- 014　バラナシ
- 015　サールナート
- 022　カージュラホ
- 032　アムリトサル
- 007　ビカネール
- 008　シェカワティ
- 011　はじめてのマハラシュトラ
- 012　ムンバイ
- 013　プネー
- 014　アウランガバード
- 015　エローラ
- 016　アジャンタ
- 021　はじめてのグジャラート
- 022　アーメダバード
- 023　ヴァドダラー(チャンパネール)
- 024　ブジ(カッチ地方)

西インド-まちごとインド

- 001　はじめてのラジャスタン
- 002　ジャイプル
- 003　ジョードプル
- 004　ジャイサルメール
- 005　ウダイプル
- 006　アジメール(プシュカル)

東インド-まちごとインド

- 002　コルカタ
- 012　ブッダガヤ

南インド-まちごとインド

001 はじめてのタミルナードゥ
002 チェンナイ
003 カーンチプラム
004 マハーバリプラム
005 タンジャヴール
006 クンバコナムとカーヴェリー・デルタ
007 ティルチラパッリ
008 マドゥライ
009 ラーメシュワラム
010 カニャークマリ
021 はじめてのケーララ
022 ティルヴァナンタプラム
023 バックウォーター（コッラム～アラップーザ）
024 コーチ（コーチン）
025 トリシュール

ネパール-まちごとアジア

001 はじめてのカトマンズ
002 カトマンズ
003 スワヤンブナート
004 パタン
005 バクタプル
006 ポカラ
007 ルンビニ
008 チトワン国立公園

バングラデシュ-まちごとアジア

001 はじめてのバングラデシュ
002 ダッカ
003 バゲルハット（クルナ）
004 シュンドルボン
005 プティア
006 モハスタン（ボグラ）
007 パハルプール

パキスタン-まちごとアジア

002 フンザ
003 ギルギット（KKH）
004 ラホール
005 ハラッパ
006 ムルタン

イラン-まちごとアジア

001 はじめてのイラン
002 テヘラン
003 イスファハン
004 シーラーズ
005 ペルセポリス
006 パサルガダエ（ナグシェ・ロスタム）
007 ヤズド
008 チョガ・ザンビル（アフヴァーズ）
009 タブリーズ
010 アルダビール

北京-まちごとチャイナ

001　はじめての北京
002　故宮（天安門広場）
003　胡同と旧皇城
004　天壇と旧崇文区
005　瑠璃廠と旧宣武区
006　王府井と市街東部
007　北京動物園と市街西部
008　頤和園と西山
009　盧溝橋と周口店
010　万里の長城と明十三陵

天津-まちごとチャイナ

001　はじめての天津
002　天津市街
003　浜海新区と市街南部
004　薊県と清東陵

上海-まちごとチャイナ

001　はじめての上海
002　浦東新区
003　外灘と南京東路
004　淮海路と市街西部
005　虹口と市街北部
006　上海郊外（龍華・七宝・松江・嘉定）
007　水郷地帯（朱家角・周荘・同里・甪直）

河北省-まちごとチャイナ

001　はじめての河北省
002　石家荘
003　秦皇島
004　承徳
005　張家口
006　保定
007　邯鄲

江蘇省-まちごとチャイナ

001　はじめての江蘇省
002　はじめての蘇州
003　蘇州旧城
004　蘇州郊外と開発区
005　無錫
006　揚州
007　鎮江
008　はじめての南京
009　南京旧城
010　南京紫金山と下関
011　雨花台と南京郊外・開発区
012　徐州

浙江省-まちごとチャイナ

001　はじめての浙江省
002　はじめての杭州
003　西湖と山林杭州
004　杭州旧城と開発区

005　紹興
006　はじめての寧波
007　寧波旧城
008　寧波郊外と開発区
009　普陀山
010　天台山
011　温州

福建省-まちごとチャイナ

001　はじめての福建省
002　はじめての福州
003　福州旧城
004　福州郊外と開発区
005　武夷山
006　泉州
007　厦門
008　客家土楼

広東省-まちごとチャイナ

001　はじめての広東省
002　はじめての広州
003　広州古城
004　天河と広州郊外
005　深圳(深セン)
006　東莞
007　開平(江門)
008　韶関
009　はじめての潮汕

010　潮州
011　汕頭

遼寧省-まちごとチャイナ

001　はじめての遼寧省
002　はじめての大連
003　大連市街
004　旅順
005　金州新区
006　はじめての瀋陽
007　瀋陽故宮と旧市街
008　瀋陽駅と市街地
009　北陵と瀋陽郊外
010　撫順

重慶-まちごとチャイナ

001　はじめての重慶
002　重慶市街
003　三峡下り(重慶～宜昌)
004　大足
005　重慶郊外と開発区

四川省-まちごとチャイナ

001　はじめての四川省

002 はじめての成都
003 成都旧城
004 成都周縁部
005 青城山と都江堰
006 楽山
007 峨眉山
008 九寨溝

香港-まちごとチャイナ

001 はじめての香港
002 中環と香港島北岸
003 上環と香港島南岸
004 尖沙咀と九龍市街
005 九龍城と九龍郊外
006 新界
007 ランタオ島と島嶼部

マカオ-まちごとチャイナ

001 はじめてのマカオ
002 セナド広場とマカオ中心部
003 媽閣廟とマカオ半島南部
004 東望洋山とマカオ半島北部
005 新口岸とタイパ・コロアン

Juo-Mujin（電子書籍のみ）

Juo-Mujin香港縦横無尽
Juo-Mujin北京縦横無尽
Juo-Mujin上海縦横無尽
Juo-Mujin台北縦横無尽
見せよう! 上海で中国語
見せよう! 蘇州で中国語
見せよう! 杭州で中国語
見せよう! デリーでヒンディー語
見せよう! タージマハルでヒンディー語
見せよう! 砂漠のラジャスタンでヒンディー語

自力旅游中国Tabisuru CHINA

001 バスに揺られて「自力で長城」
002 バスに揺られて「自力で石家荘」
003 バスに揺られて「自力で承徳」
004 船に揺られて「自力で普陀山」
005 バスに揺られて「自力で天台山」
006 バスに揺られて「自力で秦皇島」
007 バスに揺られて「自力で張家口」
008 バスに揺られて「自力で邯鄲」
009 バスに揺られて「自力で保定」
010 バスに揺られて「自力で清東陵」
011 バスに揺られて「自力で潮州」
012 バスに揺られて「自力で汕頭」
013 バスに揺られて「自力で温州」
014 バスに揺られて「自力で福州」
015 メトロに揺られて「自力で深圳」

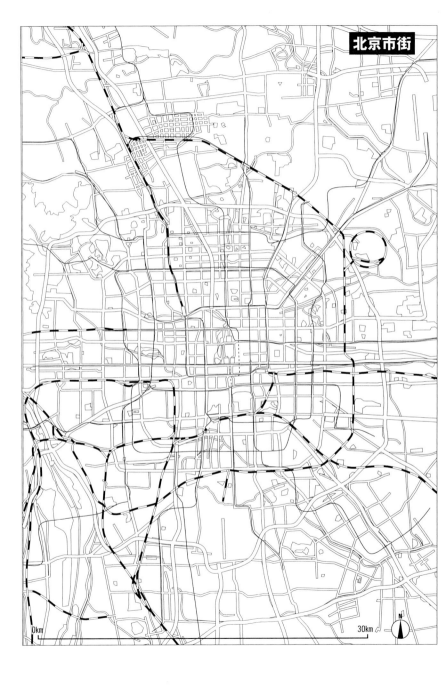

北京市街

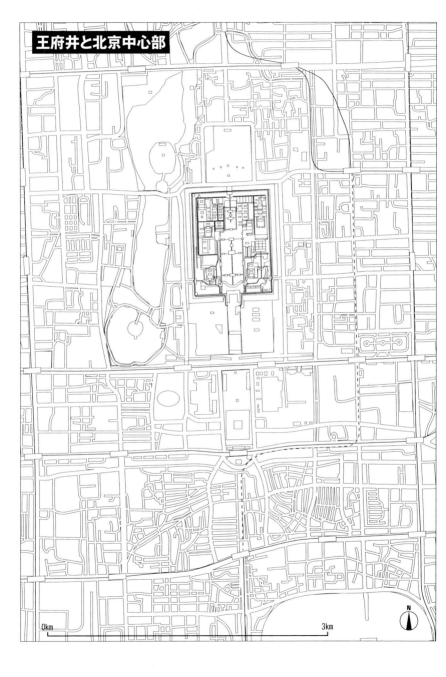

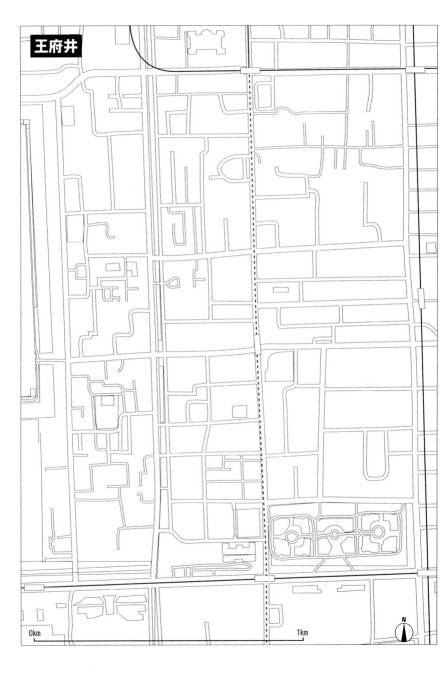

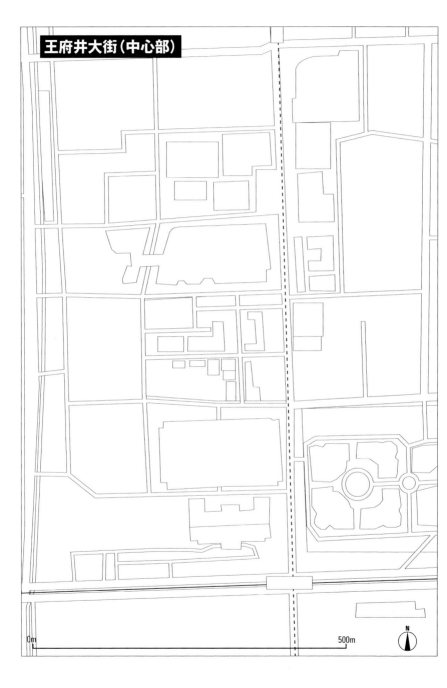

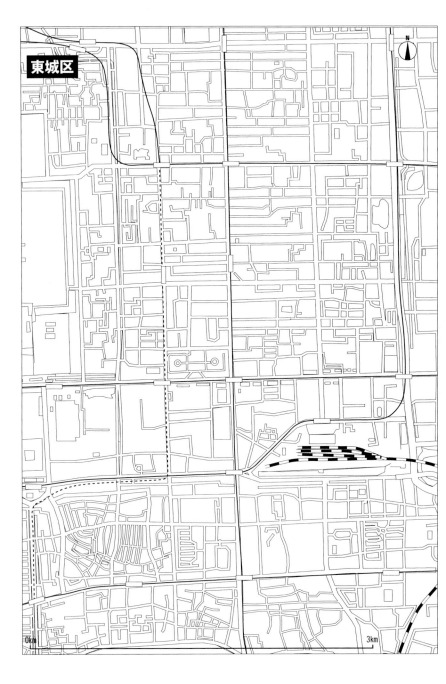

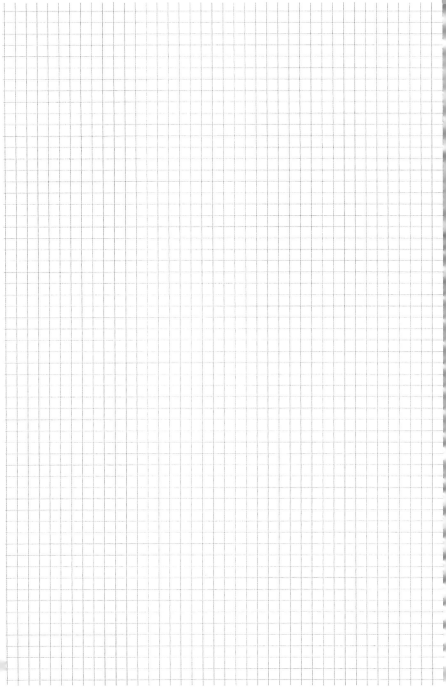

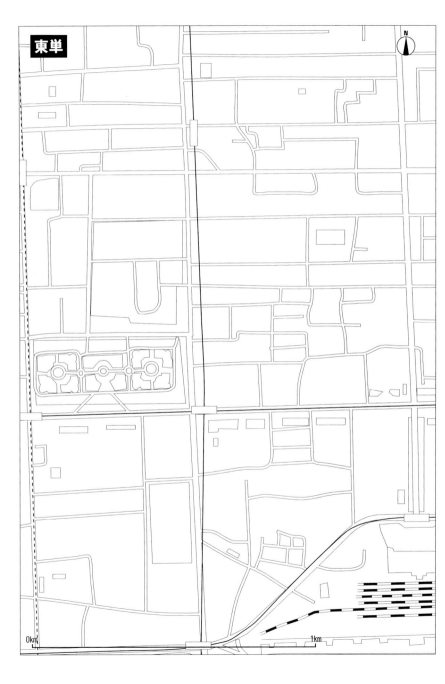

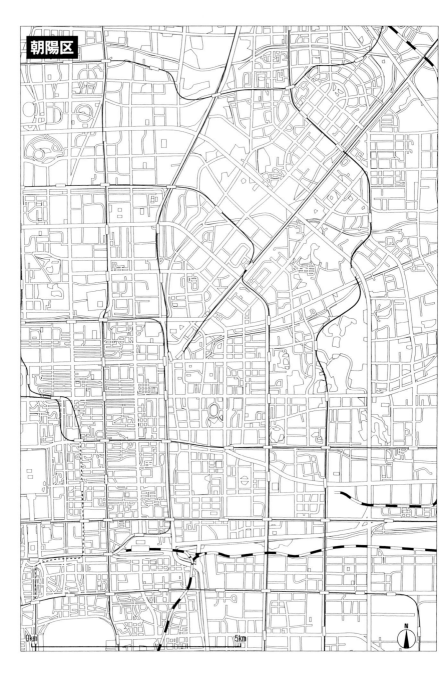

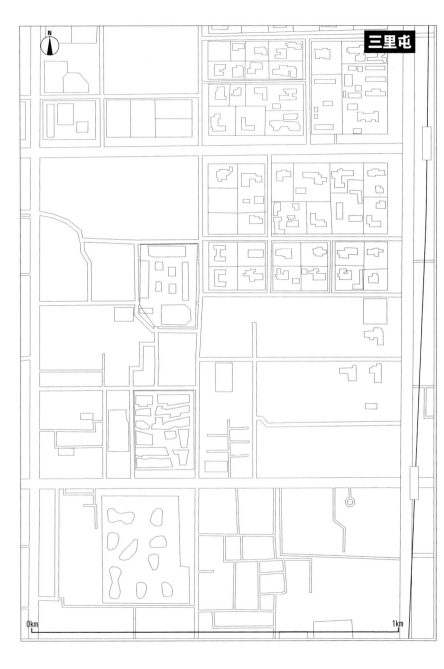

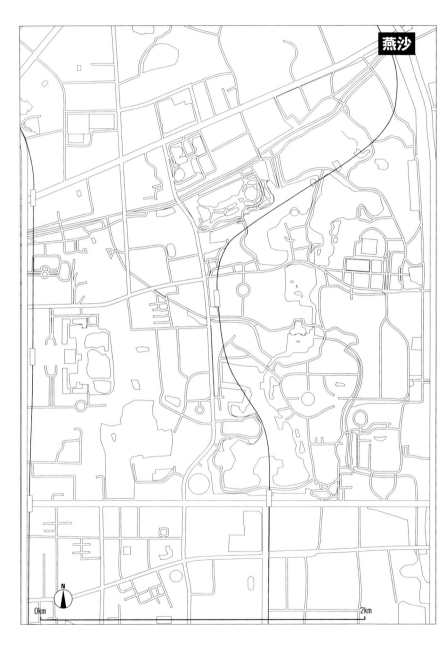

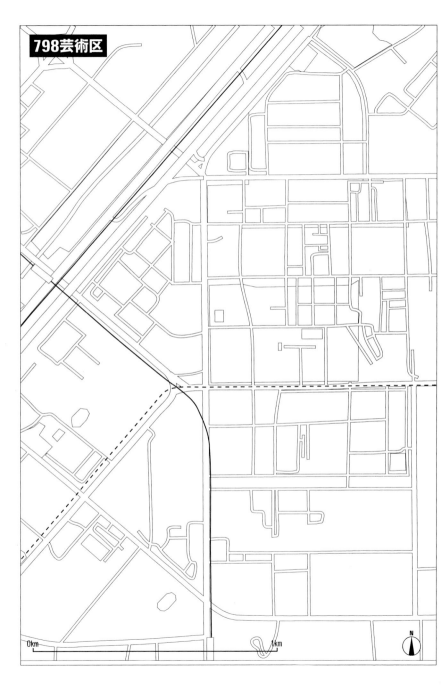

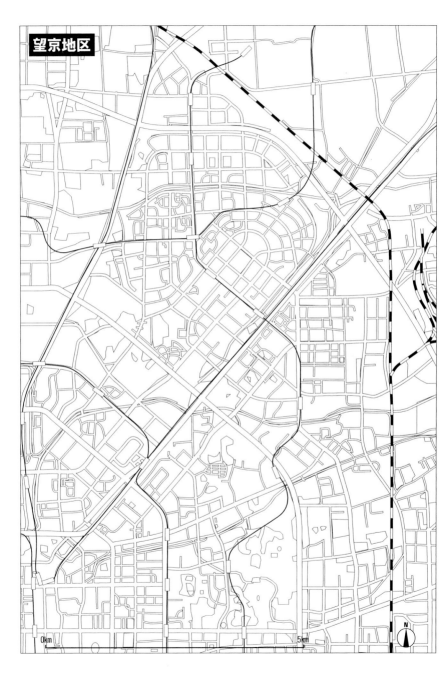

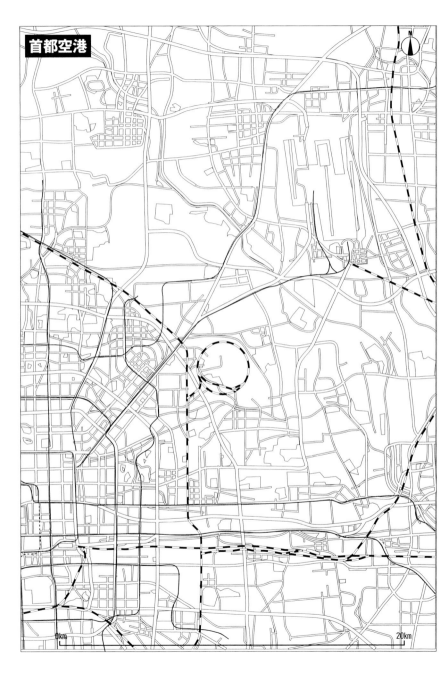

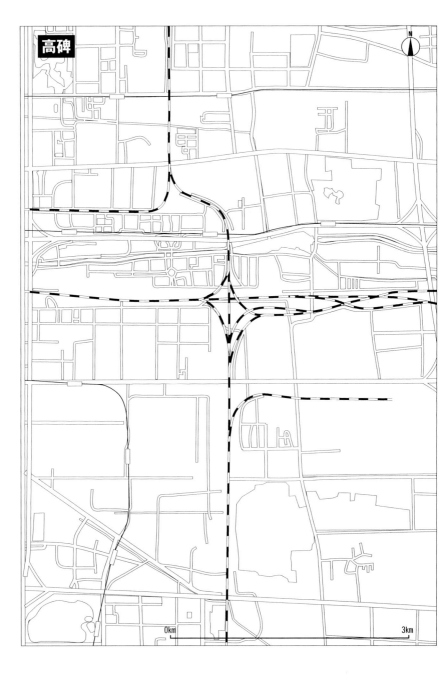

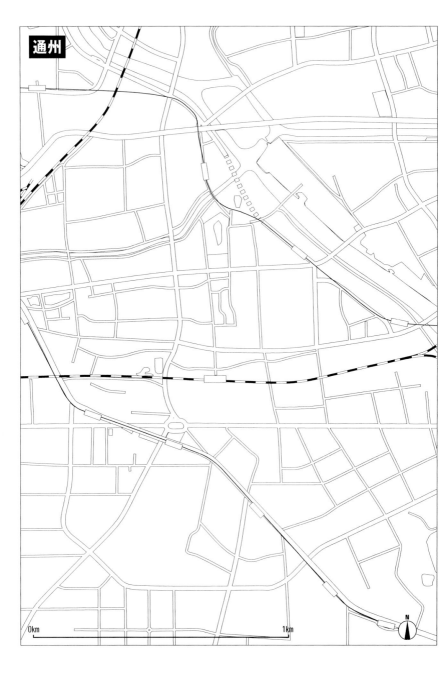

【車輪はつばさ】
南インドのアイラヴァテシュワラ寺院には
建築本体に車輪がついていて
寺院に乗った神さまが
人びとの想いを運ぶと言います

An amazing stone wheel of the Airavatesvara Temple
in the town of Darasuram, near Kumbakonam in the South India

まちごとチャイナ
北京 006

王府井と市街東部
変貌する「クリエイティブ都市」
[モノクロノートブック版]

「アジア城市(まち)案内」制作委員会
まちごとパブリッシング
http://machigotopub.com

・本書はオンデマンド印刷で作成されています。
・本書の内容に関するご意見、お問い合わせは、発行元の
　まちごとパブリッシング info@machigotopub.com までお願いします。

まちごとチャイナ
新版 北京006王府井と市街東部
〜変貌する「クリエイティブ都市」

2019年 11月12日　発行

著　者	「アジア城市（まち）案内」制作委員会
発行者	赤松　耕次
発行所	まちごとパブリッシング株式会社
	〒181-0013　東京都三鷹市下連雀4-4-36
	URL http://www.machigotopub.com/
発売元	株式会社デジタルパブリッシングサービス
	〒162-0812　東京都新宿区西五軒町11-13
	清水ビル3F
印刷・製本	株式会社デジタルパブリッシングサービス
	URL http://www.d-pub.co.jp/

MP221

ISBN978-4-86143-369-6 C0326　　　Printed in Japan
本書の無断複製複写 (コピー) は、著作権法上での例外を除き、禁じられています。